Håkan Nesser

Kim Novak
badete nie im See von Genezareth

Die Seitenangaben beziehen sich auf die Taschenbuchausgabe von btb
Håkan Nesser
Kim Novak badete nie im See von Genezareth
ISBN 978-3-442-72481-9

Sie können das Taschenbuch über unseren Verlag bestellen:
Unsere Bestell-Nr.: tbNesser

Lehrerheft

von Elinor Matt

Krapp & Gutknecht

INHALT

„Ich war ein Rebus, das mein Vater seit meiner Geburt versucht hatte, zu lösen […].“ [S. 244]

Mit der Bezeichnung „Rebus“ charakterisiert der Ich-Erzähler sich selbst, aus der Perspektive des Vaters betrachtet. Nimmt man die Figur im ganzen Roman in den Blick, so spricht Einiges für die Richtigkeit dieses Begriffs. Denn ein Rebus ist ein *„Rätsel, dessen Lösungswort, -satz aus der Bedeutung von Bildern und Zeichen zu erschließen ist“*[1] so wie Erik Wassman für den Leser zu einem Rätsel wird durch Erzähltes und nicht Ausgesprochenes, das Vorstellungen, die keine eindeutige Lösung bereithalten, zur Folge hat. Nimmt man noch den als Synonym angegebenen Ausdruck ‚Vexierbild‘ als Erklärung hinzu, ein *„Bild mit einem in der Zeichnung verborgenen Betrug“*[2], so wird der Ich-Erzähler zu eben dieser nicht nur wegen des Mord-Rätsels interessanten Figur, die dem Leser einen 14-Jährigen anbietet, der sich in die Verhaltensweisen eines Heranwachsenden in diesem Alter einzupassen scheint.

Nur im genauen Wahrnehmen des Erzählten wird der Betrug offenbar, der in den Leerstellen verborgen ist. Das macht die Figur für die Schülerinnen und Schüler so interessant. Einerseits erkennen sie eigene Erfahrungen und Gefühlslagen wieder, andererseits spüren sie das Geheimnisvolle und Außergewöhnliche, das hinter dem Jungen zwischen Kindheit und Erwachsensein, gefangen in der Enge familiärer Belastungen, lauert.

Wenn die Schule eine Lektüre wie *Kim Novak badete nie im See von Genezareth* auswählt, liegt die Chance in einer Unterrichtssituation, die alle Beteiligten „ins gleiche Boot“ setzt, Enkulturation ermöglicht, Kommunikation über Lebenserfahrungen und -einstellungen durch das Medium Literatur.

In diesem Zusammenhang ist darauf hinzuweisen, dass der Umgang mit der Sexualität, wie er im Text inhaltlich wie sprachlich zum Ausdruck kommt, die Chance bietet, dieses mit Vorbehalten behaftete Thema so zu behandeln, dass Derbheit und Respektlosigkeit entgegengewirkt und zum Nachdenken über das eigene Verhalten angeregt wird. Der Ich-Erzähler weist nicht nur einmal ablehnend auf die derbe Sprechweise seines Freundes hin, was dieser akzeptiert. Beachtenswert ist aber vor allem seine Einordnung eines beobachteten Geschlechtsaktes in den Bereich von Schönheit und Liebe. Wenn er abschließend auf seine Schamgefühle im Hinblick auf seine sexuellen Aktivitäten und die Beobachtung zu sprechen kommt, zeigt er dem Leser ein Gegenbild zu häufig vermittelten Freizügigkeitsklischees.

Eine weitere Anforderung an die Schülerinnen und Schüler liegt in dem einfühlsamen und anspruchsvollen Text, sowohl was Struktur als auch, was die sprachliche Gestaltung betrifft. Das bedeutet, die Möglichkeit, Lesekompetenz zu stärken und Kenntnisse im Hinblick auf fiktionale Texte zu erwerben, den „Sitz im Leben“ von Literatur zu entdecken und den vom Lehrplan geforderten höheren Anforderungsbereichen Rechnung zu tragen.

Nicht nur die Heranwachsenden sind gefordert, auch an die Lehrerinnen und Lehrer sind Erwartungen gestellt: empathische Vermittlung von Literatur und authentische Kommunikationspartnerschaft, wichtige Schritte zur Qualifizierung der Schule als Ort der Lebensrealität.

Die Aufgaben im Schülerheft und die ergänzenden Materialien im Lehrerheft versuchen, durch analytische und handlungsorientierte Aspekte einerseits die Texterarbeitung nach Kriterien der Literaturwissenschaft zu erleichtern und andererseits die Lebenswelt der Schülerinnen und Schüler in ihrer Lebensrealität mit einzubeziehen. Das ist umso Erfolg versprechender, als sich in diesem Roman die jugendlichen Protagonisten besonders gut als Identifikationsfiguren anbieten.

Mit diesen Überlegungen im Hintergrund wünsche ich Ihnen allen ein gutes Gelingen und die Freude, die Literatur schenken kann.

1 http://www.duden.de/rechtschreibung/Bilderraetsel#b2-Bedeutung-1
2 Deutsches Wörterbuch von Jacob Grimm und Wilhelm Grimm

KOMMENTIERENDE INHALTSZUSAMMENFASSUNG DES ROMANS

Die Geschichte spielt in Schweden in den 60er-Jahren, eine Geschichte, die mit ihrem 14-jährigen Protagonisten Erik Wassman einen Jugendlichen in den Mittelpunkt des Geschehens stellt, der nicht nur die Pubertät mit ihren auf den Jungen einstürmenden Gefühlen und Verwirrungen zu bewältigen hat, sondern auch die familiären Belastungen tragen muss. Die Mutter ist an Krebs erkrankt in der Klinik und dem häuslichen Alltag entzogen, ihr Fehlen lässt Mangel an Zuwendung und Fürsorge zurück. Der Vater, der Situation nicht gewachsen, pendelt zwischen Arbeitsstelle und Krankenhaus, versagt sich offenen Gesprächen mit seinem Sohn, nimmt Zuflucht zu Floskeln. Der erwachsene Bruder Henry ist schon längst ausgezogen und steht als Vorbild für Erik und als Stütze für den Vater nur sporadisch zur Verfügung.

Da taucht in der Schule die Vertretungslehrerin Ewa Kaludis auf. Attraktiv und anziehend, mit dem damaligen Schönheitsideal Kim Novak verglichen, zieht sie die Aufmerksamkeit der faszinierten Schüler auf sich, wird zum Mittelpunkt sexueller Vorstellungen und Sehnsucht nach Nähe, besonders für Erik.

So stellt sich die Ausgangssituation dar, von Håkan Nesser einfühlsam und nachvollziehbar vermittelt. Die Sprache – knapp und unkompliziert – und der im Rückblick berichtende Ich-Erzähler mit seinem Hinweis auf das SCHRECKLICHE schon im ersten Textabschnitt erschaffen eine Welt, die den Leser in eine ahnungsvolle Spannung zu setzen weiß und ihm in Erik Wassman eine Identifikationsfigur anbietet, die Erinnerungen an die eigene Lebenszeit zwischen Kindheit und Erwachsensein hervorrufen kann.

Erklärung zu den verwendeten Symbolen:

SH 3
Schülerheft mit Seitenangabe

LH 26–27
Lehrerheft mit Seitenangabe

M 29
Hinweise zu den Materialien mit Seitenangabe

Materialien als Kopiervorlage

Vorlage für Klassenarbeiten

Lösungsteil

Nützliche Internetadresse

Schreibaufgabe

Als die Sommerferien beginnen und ein Schulwechsel bevorsteht, was die Trennung von Ewa Kaludis bedeutet, versinkt Erik in ein Gefühl, das ihn *„sofort und ohne Wenn und Aber in den Abgrund führte"* [63].

Erzähltechnisch geschickt und handlungsführend wird der Schauplatz gewechselt: Die Ferien wird Erik mit seinem Bruder im Sommerhaus Genezareth verbringen, vom ständigen Alleinsein und den unangenehmen Krankenhausbesuchen befreit. Ihm wird in seinem Mitschüler Edmund Wester ein Gefährte zur Seite gestellt, mit dem er sich nicht nur schnell gut versteht, sondern der sich auch als Verbündeter weit über die Jugendzeit hinaus erweist.

In den Schilderungen der Sommeraktivitäten der beiden Jungen blitzt ein Leben auf, das nach Henrys Ansicht und ihn charakterisierend *„wie ein Schmetterling an einem*

Sommertag" [72] sein soll. In den Gesprächen zwischen Erik und Edmund bringt Nesser Themen zur Sprache, die das Existentielle genauso beinhalten wie Probleme des menschlichen Miteinanders, durch die Gedanken und Träume Eriks gewährt er einen Einblick in das Seelenleben des Ich-Erzählers, das in der Gesamthandlung tragende Bedeutung hat.

In diesen Sommeralltag bricht das SCHRECKLICHE ein, langsam vorbereitet durch das Erscheinen Ewa Kaludis' und ihres Verlobten Berra Albertsson in dieser Gegend, durch die Beziehung, die Henry zu Ewa hinter dem Rücken ihres Verlobten beginnt , die von Erik und Edmund mit sexueller Neugier und einem Gefühl der Bedrohung aufgenommen wird, und auf die Berra mit einer Misshandlung seiner Braut reagiert.

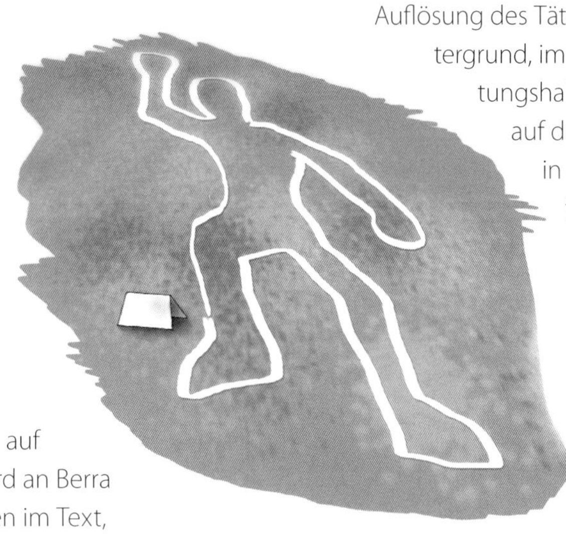

So steuert die Handlung auf das Verbrechen zu, den Mord an Berra Albertsson. Durch Leerstellen im Text, gekonnt gemischt mit Formulierungen, die der Leser im Nachhinein als Andeutungen und Hinweise deuten könnte, gelingt es dem Autor, aus der Kriminalgeschichte ein Rätsel um den Mörder zu machen, ein Rätsel, das in seiner Ungelöstheit über den Roman hinausweist.

Nach dem Mord beginnen die erfolglosen Ermittlungen, die Verhöre, während derer sich die Jungen als wahre Meister der Verschleierung der Wahrheit und der Lüge erweisen, als ein Team, das zusammensteht. Dennoch wird Henry der Tat verdächtigt und ins Untersuchungsgefängnis gebracht, das er aufgrund fehlender Beweise jedoch wieder verlassen kann. Der Kontakt zwischen Henry und Ewa Kaludis bricht ab, die beiden Jungen versuchen, sich um sie zu kümmern. So geht der Sommer zu Ende und mit ihm die Zeit des Aufenthaltes in Genezareth.

Ein neuer Schulalltag beginnt, zwischen Erik und Edmund baut sich eine Distanz auf, Henry zieht nach Göteborg.

Was ungebrochen bleibt, sind die Gefühle Eriks für Ewa Kaludis, eine Brücke bildend zum letzten Akt des Geschehens, der Zeit nach vielen Jahren, als sich die Beteiligten längst im Erwachsenenleben etabliert haben. Erik ist Lehrer, verheiratet, Vater. Edmund ist Pfarrer.

Initiiert durch die Neugier von Eriks Ehefrau kommt es zu einem Wiedersehen mit Edmund und zu einem Gespräch, in dem sich andeutet, dass die Mordsache Berra Albertsson lebensbestimmende Auswirkungen auf die beiden Protagonisten hatte und hat.

Noch bleibt das Geschehen unaufgeklärt, erzeugt weiter Spannung. Erik und Ewa begegnen sich wieder und auch dieses Wiedersehen zeigt, dass Vergangenes nicht vergangen ist: Die Liebe Eriks ist nie erloschen, führt zur Scheidung und dem ersehnten endlichen Zusammensein mit Ewa Kaludis.

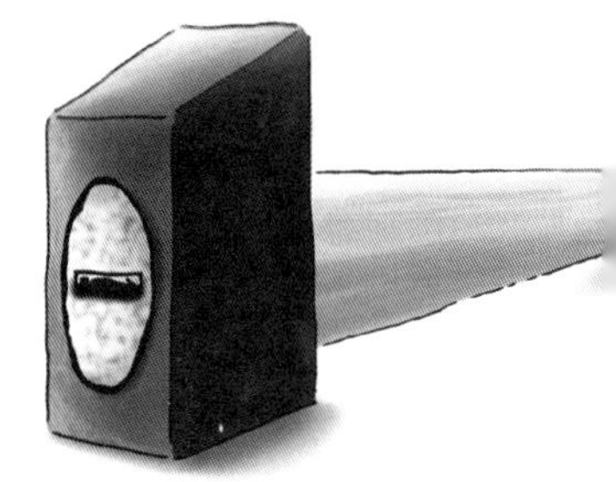

Aber immer noch lauert die Auflösung des Täterrätsels im Hintergrund, immer noch hält sie den Leser in Erwartungshaltung fest. Erst das Wahrheitsgeständnis auf dem Sterbebett Edmunds bringt Licht in das Dunkel des Nichtwissens, aber nur für die beiden Verbündeten, nur für sie bedeutet es Vollendung, durch das Versenken der Tatwaffe in einen See von Erik vollzogen.

So entlässt Nesser den Leser ohne Mörder, überlässt ihn weiter seinen Vermutungen, erzähltechnisch auf unnachahmliche Art in Szene gesetzt, sprachlich fast poetisch vermittelt, inhaltlich mit fließend erscheinenden Grenzen zwischen Fiktionalität und Wirklichkeit verwoben und beweist bis zum letzten Satz seine schriftstellerische Qualität.

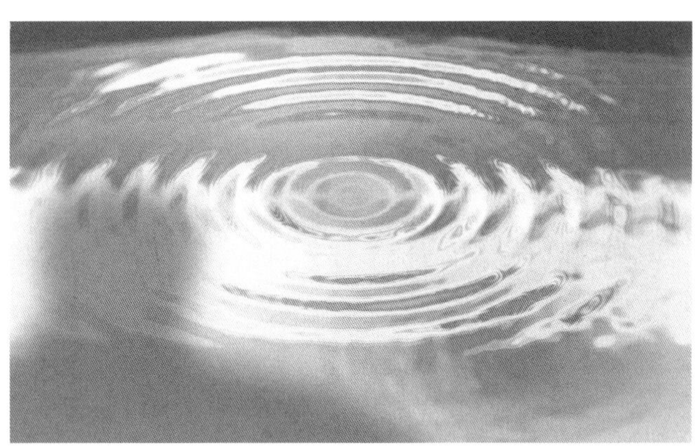

INTERPRETATIONSASPEKTE[1]

„Eine Geschichte ist es nur wert, erzählt zu werden, wenn sie eine moralische Qualität aufweist.“[2]

„Kriminalliteratur ist immer realistisch. Außerdem kann sie auf existentielle Fragen eingehen und richtig gute Literatur sein.“[3]

Mit diesen beiden Aussagen stellt der schwedische Schriftsteller Håkan Nesser eine hohe Anforderung an seine schriftstellerische Tätigkeit, deren Qualität sich an der Realisation in seinen Werken erweisen muss. Immer stehen existentielle Fragen im Raum, spielen seelische Hintergründe der Figuren eine Rolle, unterstützt von dem großen Raum, den Landschaftsschilderungen, angesiedelt zwischen Wirklichkeit und Fiktion, einnehmen. Sie geben den Texten eine besondere Atmosphäre.

Dies alles trifft zu auf *Kim Novak badete nie im See von Genezareth,* und zwar in einem Maße, dass sich die Rezensenten überwiegend einig darüber sind, dass dieser Roman nicht ausschließlich der Kriminalliteratur zuzurechnen ist. So spricht Ulf Cronenberg[4] von einer Beschreibung der Gefühlswelt der beiden Jungen, die sich zwischen dem *„Noch-Kind-sein und dem Bald-erwachsen-sein“* befindet, hoffnungslosen Träumen und schwierigen Lebensverhältnissen ausgesetzt. Nesser gelingt es, die Verbindung des *„Spitzensommers“* einerseits mit dem Existentiellen, den *„Pflasterworten“* Eriks, andererseits mit der Spannung des langsam sich aufbauenden SCHRECKLICHEN herzustellen. Und dass das Mordgeschehen und die ergebnislosen Ermittlungen den Leser in die Offenheit des eigenen Nachdenkens entlassen, gibt dem Roman eine Sonderstellung.

Es sind vor allem die Gedanken und Gefühle des Ich-Erzählers und Protagonisten Erik Wassman, der, belastet von der familiären Situation, mitgerissen von der erwachten Sexualität und den Verwirrungen, die diese Zeit mit sich bringt, der Faszination der verführerischen – in aller Unschuld verführerischen – Ewa Kaludis verfällt und zu einer Romanfigur gerät, die in eine Wirklichkeit weist, in der es *„eine Reihe von Situationen gibt, in denen man glaubt, ein ‚moralisches' Recht zu töten zu haben.“*[5] Erik als Identifikationsfigur der Erinnerung an die Jugendzeit oder des Mitempfindens entwicklungsbedingter Schwierigkeiten, rührend und gefährlich zugleich, ist authentisch wie alle anderen Figuren, aber nie eindeutig zu fassen. Er bleibt nicht nur dem Vater, sondern auch sich selbst und dem Leser ein *„Rebus“*. Der Roman führt in seinem Ich-Erzähler eine Wirklichkeit vor Augen, in die jeder geraten kann, ein Beispiel menschlicher Anfälligkeit in einer Lebenssituation, deren Bewältigung nicht geleistet werden kann.

Nesser stellt ihm mit dem gleichaltrigen Edmund Wester einen Gefährten zur Seite, einen bis zu seinem Tod Verbündeten, der erzählperspektivisch bedingt durch die Bemerkungen des Ich-Erzählers, durch Handlungen und

durch die Dialoge charakterisiert wird. Auch familiär belastet und geprägt von frühkindlichen Erfahrungen körperlicher Gewalt, ist es Edmund, der die Zeit in Genezareth als *„Spitzensommer“* bezeichnet, die unbeschwerten Augenblicke auskostet und sich einerseits von seiner sexuellen Neugier zu derben Sprüchen und einer zweifelhaften Aktion verleiten lässt, andererseits in den Gesprächen über Leben und Moralvorstellungen seine Ebenbürtigkeit unter Beweis stellt. Im Unterschied zu Erik scheint er, wegen welchen Verhaltens oder Vergehens auch immer, mit seinem Gewissen zu kämpfen, wie auch seine Berufswahl darauf hinweisen könnte, sich hinter der Schweigepflicht zu verbergen, wie er auch versucht, zu Erik auf Distanz zu gehen.

1 Informationen entnommen aus: Symons, Julian: *Am Anfang war der Mord. Eine Geschichte des Kriminalromans,* München, 1982, S. 170–172
2 http://www.nzz.ch/aktuell/startseite/article8J7B6-1.440814
3 http://www.krimi-couch.de/krimis/dprs-krimilabor-der-zwang-zum-buch.html
4 http://ulfcronenberg.macbay.de/wordpress/2008/05/15/buchbesprechung-hakan-nesser-kim-novak-badete-nie- im-see-von-genezareth/
5 http://www.krimi-forum.net/WordPress/?p=346

Väter und Mütter bleiben in der Figurenzeichnung blass, tauchen nur selten im Handlungsgeschehen auf, funktionieren als Hintergrunddarstellung der belasteten Welt ihrer Kinder. Als einzige Figur wird Henry Wassman eine eindeutigere Charakterisierung zuteil, seinen klaren Ansichten und Verhaltensweisen entsprechend. Vorbild und Gegenentwurf zu seinem jüngeren Bruder in Selbstbewusstsein, Freiheitsliebe und Tatendrang kann er als Hoffnungspotenzial der Textbotschaft angesehen werden.

Dass der Handlungsaufbau immer wieder in seiner Spannung durch Einschübe der Befindlichkeiten der Figuren verzögert wird, entspricht der Ansiedlung des Textes zwischen einem Krimi ohne Auflösung und einem Roman über das Ende der Kindheit. Folgerichtig wird in einer Rezension das Geschick des Autors hervorgehoben: Es ist *„ein Geniestreich, den Mord an der Kindheit als ungelöst zu beschreiben."*[6]
Eindrucksvoll setzt Nesser Textbotschaften in Sprache und Bilder um. So gehören die ‚schmutzigen Wörter' – als Signal der Respektlosigkeit der Jugend gegen die Floskelhaftigkeit der Erwachsenen – ebenso zur Qualität des Textes wie die Schilderungen von Eriks Albträumen von der sterbenden Mutter und dem in seinen Manuskripten gefangenen Bruder und der Traum von Ewa Kaludis' wärmender Nähe. Die Metapher des Sees, dessen glitzernde Oberfläche für die Leichtigkeit des Sommers, dessen schlammiger Grund für das zerstörerische Geschehen und die Undurchsichtigkeit der Beteiligten steht, umfasst das Davor und das Danach. Im Versenken des Vorschlaghammers ist nicht nur die Endgültigkeit des Verschwindens zu sehen, sondern auch ein Symbol für den Ort, wo das SCHRECKLICHE hingehört.

Dieser Roman mit seinen vielen Angeboten zum Abgleich mit der eigenen Existenz verdient die Würdigung, die ihm noch zehn Jahre nach seinem Erscheinen im Klappentext des Folgebändchens zuteil wird: *„Nesser schreibt so, wie ein See im Sommer in der Sonne liegt – in schlichter Schönheit, poetisch ganz ohne ornamentales Kunstbemühen."*[7]

Zur Rezeption trägt der Autor selbst einige Informationen bei in seinem Folgebändchen *Die Wahrheit über Kim Novak und den Mord an Berra Albertsson,* 2008 im schwedischen Original und 2010 in der deutschen Übersetzung erschienen. Laut Nesser wurden bis zu diesem Zeitpunkt in Schweden 300 000 Exemplare verkauft, in Deutschland gibt es ähnliche Zahlen. Es ist in Schweden *„von mindestens einem Viertel aller Schüler gelesen worden, die nach dem Jahr 2000 das Gymnasium verlassen haben"*[8], ist in den Kanon der Schullektüren aufgenommen worden.

Viele Diskussionen sind geführt worden, die sich um die Lösung des Rätsels bemühten, wer der Täter ist: *„Von all den Menschen, die darüber rätselten, wer wohl der Mörder darin war, halten etwa vierzig Prozent Erik Wassman für den Täter, und ungefähr genauso viele entscheiden sich für Edmund Wester. Die restlichen zwanzig Prozent verteilen sich gleichmäßig auf Henry Wassman und Ewa Kaludis, nur zwei Prozent tippen auf jemanden, der nicht zu diesem Quartett gehört."*[9]

Dass dieser Roman in Schweden Kultstatus erreicht hat, liegt einerseits daran, dass es sich nicht in erster Linie um einen klassischen Kriminalroman handelt, sondern um eine einfühlsam erzählte Entwicklungsgeschichte und andererseits daran, dass sich die Spannung über den Roman hinaus hält, da der Text keine Antwort auf die Frage nach dem Täter gibt.

In einer im wahrsten Sinne des Wortes als Anschlusskommunikation zu bezeichnende Reaktion der Leserschaft, beschäftigte der Roman noch lange Zeit nach seinem Erscheinen die Leser. Auch die äußerst gelungene Verfilmung – 2005 im schwedischen Original, 2006 die schwedische Widescreen-Version mit schwedischen, dänischen und norwegischen Untertiteln (für Hörgeschädigte), 2006 die Version in deutscher Sprache – weist auf die Wertschätzung und den Erfolg des Romans hin.

6 http://www.hakan-nesser.de/nessers_romanwelt.html
7 Nesser, Håkan: *Die Wahrheit über Kim Novak und den Mord an Berra Albertsson*, btb Verlag, 2010
8 Nesser, Håkan: *Die Wahrheit über Kim Novak und den Mord an Berra Albertsson*, btb Verlag, 2010, S. 14
9 s.o.

METHODISCH-DIDAKTISCHER KOMMENTAR

Vor jeder Beschäftigung mit einem literarischen Werk steht die Frage: Wie lässt sich der Text den Jugendlichen Gewinn bringend vermitteln? Die Antwort, die Günther Waldmann[1] gibt, weist auf Möglichkeiten hin, die von der Deutschdidaktik seit geraumer Zeit berücksichtigt werden: *„Wenn es zutrifft, dass die Schwierigkeiten des kritischen Lesens insbesondere damit zusammenhängen, dass elementare affektiv-emotive Persönlichkeitsstrukturen des Schülers vernachlässigt, dass seine affekthaft-emotional bestimmte Bedürfnissituation übersehen, dass aufgrund einer falschen Einschätzung seiner Bedürfnislage seine kognitiven Möglichkeiten nicht richtig beurteilt werden, dann liegt ein Ausweg wohl nicht in einem noch intensiver rational organisierten Konzept des Literaturunterrichts [...]. Es ist ein didaktisches Konzept zu wählen [...], das dabei auch einen affektiv-emotiven Umgang mit Literatur ermöglicht."*

Zu denken ist dabei an die handlungs- und produktionsorientierten Aufgabenstellungen, zu denen auch die theaterpädagogischen Angebote zu rechnen sind, die gestaltende und kreative Verfahren einschließen und damit auch ästhetischen Wahrnehmungskräften Raum geben. Zu berücksichtigen ist ebenso das didaktische Gewicht, das Lebensnähe und Schülerinteresse haben. So versuchen Schüler- und Lehrerheft diesen Weichenstellungen der Didaktik so weit wie möglich Rechnung zu tragen, ohne das analysierende Vorgehen außer Acht zu lassen.

Die Arbeit mit dem Schülerheft soll das Erfassen des Inhaltes erleichtern, Figuren und Beziehungsmöglichkeiten deutlich machen, zur Reflexion über Sprache und ihre Funktion anleiten und Textbotschaften vermitteln. Die unterschiedlichen Aufgabenstellungen berücksichtigen analysierende, interpretierende und gestaltende Arbeitsweisen und sollen zur Förderung dieser Fähigkeiten beitragen.

Die Zusammenstellung der Aufgaben ist einerseits ausgerichtet auf sorgfältigen differenzierten Umgang mit einem literarischen Text, andererseits hat sie – durch die handlungs- und produktionsorientierten Arbeitsaufträge – die Lesefreude, die Stärkung der Empathie-Fähigkeit sowie die damit einhergehende Lesemotivation im Blick.

Viele Aufgaben im Schülerheft eignen sich zur Bearbeitung in Paar- oder Gruppenarbeit, andere lassen sich gut als Hausaufgaben erledigen. Die Wahl der Sozialform liegt in der Hand der Lehrperson, die nach Kriterien wie Leistungsfähigkeit, Unterrichtsmanagement und Zeitökonomie sowie der Bedeutung, die der Teamfähigkeit zugewiesen wird, entscheiden kann.

In einer Schullandschaft, in der ‚Kompetenz' zu einem Schlüsselbegriff der Bildungspolitik geworden ist, wird erwartet, dass im Unterrichtsmaterial die Vermittlung von Basiskompetenzen berücksichtigt ist. Häufig wird der Kompetenzgedanke an den Teilbereichen des Deutschunterrichtes festgemacht, die – ohne detailliert die unterschiedlichen Formulierungen der einzelnen Bundesländer in den Blick zu nehmen – Sprechen und Zuhören, Lesen, Schreiben, Sprachreflexion betreffen, wobei der Umgang mit den Medien impliziert ist.

Rainer Lersch[2] gibt einige bedenkenswerte Hinweise:

1. Kompetenzen sind erlernbare, kognitiv verankerte (weil wissensbasierte) Fähigkeiten und Fertigkeiten, die eine erfolgreiche Bewältigung bestimmter Anforderungssituationen ermöglichen. Im Kompetenzbegriff fallen Wissen und Können zusammen; er umfasst auch Interessen, Motivationen, Werthaltungen und soziale Bereitschaften. Kompetenzen sind demnach kognitive Dispositionen für erfolgreiche und verantwortliche Denkoperationen oder Handlungen.
2. In Kompetenzmodellen lassen sich Teilkomponenten einer Kompetenz, Niveaustufen im Erreichen der Kompetenz bzw. Entwicklungsverläufe für den Kompetenzerwerb beschreiben. Der Erwerb einer Kompetenz bzw. das erreichte Niveau zeigen sich in der (überprüfbaren) Performanz, also in der Art und Weise, bzw. dem Grad erfolgreicher Situationsbewältigung.
3. Man unterscheidet zwischen fachlichen und überfachlichen Kompetenzen wie Schlüsselqualifikationen, allgemeinen Lern- und Problemlösungsstrategien, sozialen oder kommunikativen Fähigkeiten u. s. w. Während für fachliche Kompetenzen präzise Angaben zu den Komponenten und Niveaus formuliert werden können (= Standards), und über entsprechende Gestaltungen der Anforderungssituationen (z. B. Aufgaben oder Tests) der Grad des Erwerbs der jeweiligen Kompetenz auch überprüft werden kann, gestaltet sich dies für überfachliche Kompetenzen deutlich schwieriger.
4. In der Schule werden überfachliche Kompetenzen in der Regel im Kontext fachlicher Lehr- und Lernprozesse erworben.[3]

Kompetenzen können in sozial anerkannter, aber auch in devianter Form genutzt werden. So können Kommunikationskompetenzen befähigen, zu einem respektvollen Miteinander beizutragen, aber auch zur Manipulation.

1 Waldmann, Günther: *Überlegungen zu einer kommunikations- und produktionsorientierten Didaktik literarischer Texte.* In: *Literatur im Unterricht.* Hg: Herbert Mainusch. München 1979 = Kritische Information 74, S. 332
2 Lersch, Rainer: *Kompetenzfördernd unterrichten. 22 Schritte von der Theorie zur Praxis.* PÄDAGOGIK, Heft 12/2007
3 Informationen aus: s.o.

So ist in der Schule die Kompetenzentwicklung zu binden an eine gleichzeitige Entwicklung eines Systems, das an soziale und gesellschaftliche Normen und Werte gebunden ist.[4] Das bringt die Inhalte zurück ins Spiel.

Speziell zum literarischen Lernen und zur literarischen Kompetenz findet sich in dem von Clemens Kammler zusammengestellten Band über diese Thematik eine Auflistung von Teilkompetenzen, die im Hinblick auf die Bearbeitung einer Ganzschrift berücksichtigt werden sollten[5]:

- Beim Lesen und Hören Vorstellungen entwickeln
- Subjektive Involviertheit und genaue Wahrnehmung miteinander ins Spiel bringen
- Sprachliche Gestaltung aufmerksam wahrnehmen
- Perspektiven literarischer Figuren nachvollziehen
- Narrative und dramaturgische Handlungslogik verstehen
- Mit Fiktionalität bewusst umgehen
- Metaphorische und symbolische Ausdrucksweise verstehen
- Sich auf die Unabschließbarkeit des Sinnbildungsprozesses einlassen
- Mit dem literarischen Gespräch vertraut werden
- Prototypische Vorstellungen von Gattungen/Genres gewinnen
- Literaturhistorisches Bewusstsein entwickeln

Im Umgang mit Texten spielte die Kompetenzvermittlung seit jeher eine Rolle, sie lief sozusagen als ‚verstecktes' Arbeitsergebnis mit, immer in der Gefahr, sich in der Mittelpunktstellung der Inhaltsvermittlung zu verlieren. Durch die veränderte Perspektive auf den Lehr-Lern-Vorgang verändert sich auch das Verhältnis von Inhalt und Kompetenz.

Das bedeutet zum Beispiel, dass nicht das Verständnis einer bestimmten Textstelle aus dem Roman *Kim Novak badete nie im See von Genezareth* das letztlich entscheidende Ergebnis ist, sondern die Fähigkeit, Texte zu verstehen und entscheiden zu können, in welchen Lebens- und Berufssituationen dies gefordert ist.

Nur im Zusammenwirken aller Unterrichtsaktivitäten über die Schuljahre hinweg bilden sich die Kompetenzen aus, die in Alltag und Beruf unter Beweis gestellt werden müssen. In einzelnen Einheiten wie der Lektüre und Erarbeitung einer Ganzschrift kann diese Entwicklung zusätzlich unterstützt werden durch Transparentmachen der Vorgehensweise und dem Bereitstellen von entsprechenden Strukturierungshilfen. Zudem sollten die Erfahrungen, die die Lehrperson mit den unterschiedlichen Entwicklungsschritten der Schülerinnen und Schüler im Hinblick auf die Kompetenzen macht, festgehalten werden, um Grundlage für die Weiterarbeit mit folgenden Unterrichtseinheiten sein zu können.

Es wäre auch denkbar, an einer passenden Stelle einen Exkurs einzufügen. Zum Beispiel kann an den Gesprächsvergleich eine Beschäftigung mit Gesprächsregeln und mit dem eigenen Kommunikationsverhalten eingeschoben werden. Diese Fähigkeiten gehören zu den Grundlagen der Kommunikationskompetenz, von denen das Gelingen der Kommunikation im Privat- und Berufsleben abhängt.

Falls Unterrichtsplanung und Zeitökonomie es erlauben, können an dieser Stelle weitere Trainingsmöglichkeiten zu diesem Schwerpunkt eingefügt werden.

Um den Bezug zur Lektüre nicht zu verlieren, sollten Abgleiche mit dem Verhalten der Romanfiguren einbezogen werden.

Ein zweiter, immer mehr in den Blick geratender Begriff ist ‚Differenzierung', insbesondere die ‚Binnendifferenzierung'. Die Unterrichtspraxis ist auf dem Weg, sich darauf in stärkerem Maße einzulassen. Eine brauchbare Auflistung von Gesichtspunkten, was Differenzierung bedeuten kann, hat Hans Meister zusammengestellt[6].

Grundlegend werden einer funktionierenden Binnendifferenzierung die folgenden Notwendigkeiten zugeordnet:

- Bereitschaft der Lehrenden, sich in Lernprozesse einzulassen und ihr Rollenverständnis zu überdenken
- kreativer Umgang mit Methoden und deren theoriegeleitete Fundierung
- Vertrauen in die Verantwortlichkeit der Lernenden
- schrittweise Veränderung der Notengebung
- Erwerb von Methodenkompetenz der Lernenden

Die Möglichkeiten von Differenzierung zeigen sich in unterschiedlichen Bereichen:

- in Zielen, Arbeitsweisen und Unterrichtsformen, Rhythmisierung des Unterrichts, Lehrer- und Schüleraktivitäten, Sozialformen, Medien
- in Inhalten, Themen, Stoffen, Interessen, Wahlmöglichkeiten, Hausaufgaben und dem Niveau der Fachleistung
- in Kontrollmöglichkeiten, Bezugssystemen der Bewertung, Einbeziehen des Entwicklungsstandes der einzelnen Schüler und Schülerinnen, Unterstützungen und Hilfen
- Lernorten, Klassenraumgestaltung
- in Zielen

4 Informationen aus: s.o.
5 Kammler, Clemens (Hg.): *Literarische Kompetenzen – Standards im Literaturunterricht.* Klett/Kallmeyer Friedrich Velber Verlag GmbH, Seelze 2006, S.16–18
6 Meister, Hans (Hg.): *ABC für differenzierenden Unterricht Saarland,* Landesinstitut für Pädagogik und Medien. (LPM) Saarländische Beiträge zur pädagogischen Praxis 2 1998

I. VARIATIONEN DER TEXTPRÄSENTATION

Trotz zahlreicher positiver Erfahrungen, was das Verständnis von Literatur betrifft, hat sich das laute Lesen im Unterricht noch nicht vollständig durchgesetzt. Die Befürchtung, damit zu sehr in die Zeitökonomie des Unterrichts einzugreifen, verhindert eine Textpräsentation, die wesentlich effektiver sein kann als das stille Lesen und die Zeitplanung entlastet, wenn sie nur an Schlüsselstellen oder besonders schwierigen Passagen eingesetzt wird, da durch die Möglichkeit, Verständnisschwierigkeiten unmittelbar zu beheben, Zeit eingespart werden kann.

Das adäquate laute Lesen kann nicht immer vorausgesetzt werden. Daher sollte man eine weitere Möglichkeit zur Unterstützung ins Auge fassen, die das Vorstellungsvermögen anregt: das Hörbuch.

Zum Roman *Kim Novak badete nie im See von Genezareth* liegt ein Hörbuch vor, dem der Sprecher Dietmar Bär einen hohen künstlerischen Wert verleiht. Inhalt und Thematik des Romans werden durch die zurückgenommene Sprechweise und die Feinheiten der sprecherischen Gestaltung klar zum Ausdruck gebracht. Da es sich um eine an vielen Stellen gekürzte Textfassung handelt, sollten die Passagen, die zum Präsentieren durch das Hörbuch ausgewählt wurden, vorher angehört werden, um den Schülerinnen und Schülern die notwendigen Hinweise geben zu können.

Die Textbegegnung kann – je nach Lerngruppe – unterschiedlich gestaltet werden. Leistungsstarke sollten die Lektüre als Hausaufgabe erledigen, Schülerinnen und Schüler mit einer geringeren Leseleistung und/oder Lesemotivation profitieren von einer Kombination mit dem Hörbuch, das alternierend zur häuslichen Lektüre, stillen Lesephasen oder für die gesamte Textbegegnung eingesetzt werden kann.

Schülerarbeitsheft beziehbar über Krapp & Gutknecht Verlag GmbH
Bestell-Nr.: S1087

© Brigitte DIE MÄNNER Hörbuch-Edition

Gekürzte Lesung von Dietmar Bär, 4 Audio-CDs, Laufzeit: ca. 280 Min

Beziehbar über Krapp & Gutknecht Verlag GmbH
Bestell-Nr.: HörNesserGenezareth

II. ANNÄHERUNG **SH 3**

Zunächst werden die Schülerinnen und Schüler mit Bildern einer schwedischen Seenlandschaft und eines Sommerhauses aufgefordert, sich die Möglichkeiten einer sommerlichen Urlaubsgestaltung in einem solchen Gebiet auf die im Buch beschriebenen Sommeraktivitäten der Protagonisten Erik und Edmund vorzustellen, vorbereitet.

In einem zweiten Schritt kommt mit dem Textauszug vom Beginn des Buches die Zerstörung des positiven Ferienbildes in den Blick, die von Anfang an immer im Hintergrund mitläuft, bevor die Spannung im Handlungsverlauf sich auf das Verbrechen konzentriert.

Die abschließende Frage der Annäherung zielt zum einen auf die Vermutungen, die durch den ungenauen Ausdruck das SCHRECKLICHE ausgelöst werden, zum anderen auf den zu erwartenden Kontrast zwischen den Sommeraktivitäten und dem Einbruch eines wie auch immer gearteten zerstörerischen Geschehens.

III. KAPITELÜBERSICHT UND INHALTSZUSAMMENFASSUNG **SH 4–15**

➲ Aufgabe: Eine Übersicht zu jedem Kapitel selbst verfassen oder ergänzen.

Grundlage der Behandlung des Romans ist die Sicherung des Inhaltes. Es wurde dabei auf ein variationsreiches Angebot geachtet. Hierzu werden Arbeitstechniken angeboten, die durch die Textarbeit in den vorangegangenen Klassenstufen bekannt sein dürften: unvollständige Inhaltszusammenfassungen in Form von Leerstellen am Anfang, in der Mitte oder am Schluss einer Kapitelzusammenfassung, das Fehlen wichtiger Informationen oder das Vorhandensein unnötiger Details, die Vorgabe von Listen von Stichwörtern, zum Teil auch unvollständig oder zu ausführlich und die Aufforderung zu eigenen Inhaltszusammenfassungen eines Kapitels.

Häufig wird der Formulierung eigener zusammenfassender Texte das Hinzufügen oder Streichen von Informationen vorangestellt. Das fordert genaues Lesen und angemessene Entscheidungen und trainiert die Lesekompetenz auf unterschiedliche Weise.

Um die Inhaltszusammenfassungen aller Kapitel fortlaufend im Blick haben zu können, wurde die Kapitelübersicht den ersten Deutungen vorangestellt. Die Bearbeitung der Deutungen sollte aber um einer möglichst früh einsetzenden Auseinandersetzung mit dem Roman willen jeweils mit der Inhaltssicherung der einzelnen Kapitel verbunden werden.

IV. ERIKS GEDANKEN UND GEFÜHLE

SH 16–17

➲ Aufgabe: Wichtige Gedanken und Gefühle Eriks festhalten

Im Leseverlauf soll eine Liste mit den Gedanken und Gefühlen des Ich-Erzählers entstehen, die einen Überblick über das im Roman eine wesentliche Rolle spielende Innenleben der Figur bietet und für einige spätere Arbeitsanweisungen als Informationspool genutzt werden kann, auf den an den entsprechende Stellen hingewiesen wird.

V. HANDLUNG UND FIGUREN – MEINE VORSTELLUNGEN UND IDEEN

SH 18–31/34–35

➲ Aufgabe 1

Es werden in den meisten Fällen zwei Aufgaben angeboten, die analysierendes **(1a)** und handlungs- und produktionsorientiertes Arbeiten **(1b)** am Text anbieten. Diese Aufgaben dienen der Differenzierung des Textzugangs und bereiten auf Klassenarbeiten und die Abschlussprüfung vor.

➲ Aufgabe 2 (Wahlaufgabe)

Sie gibt den Schülerinnen und Schülern die Möglichkeit, selbst zu entscheiden, ob sie die Erarbeitung leisten wollen. Da es sich um schwierigere Arbeitsanweisungen handelt, zielt die Verbindung mit der Eigenentscheidung darauf ab, dass die Selbstständigkeit im Abschätzen der vorhandenen Fähigkeiten gefördert wird.

So dient diese Wahlaufgabe auch der Differenzierung.

KAPITEL 1 [S. 9–22]

SH 18

Aufgabe 1b: Ein Rückzugsort für Gleichaltrige in Distanz von den Erwachsenen zielt in die Lebensrealität der Jugendlichen. So werden sie ohne große Schwierigkeiten Vorstellungen von gemeinsamen Diskussionen und Aktivitäten aus dem eigenen Erfahrungsbereich einbringen können. Auch das Verfassen eines Raps liegt im Bereich ihrer Lebensrealität und gilt zudem als Spaßfaktor.

Aufgabe 2 verlangt mit der Erläuterung einer Textstelle eine Deutung, die sowohl die Lebenssituation als auch den Handlungsverlauf ins Spiel bringt, wenn der Zusammenhang mit den Hinweisen auf das SCHRECKLICHE in der Einleitung hergestellt wird. Das setzt die Fähigkeit der Kohärenzbildung voraus.

KAPITEL 2 [S. 23–33]

SH 18

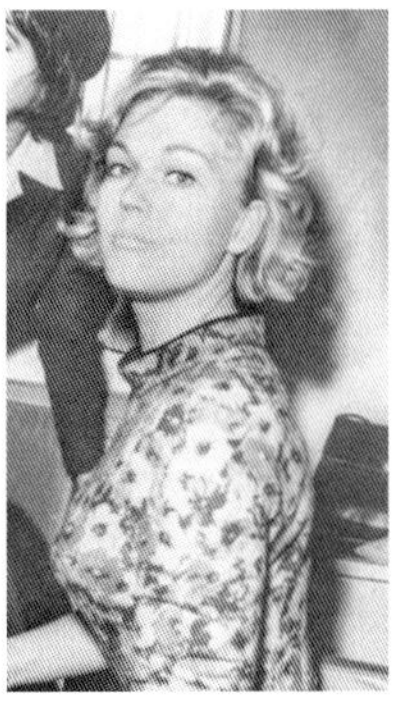

Kim Novak, 1962[1]

Aufgabe 1a: Diese Aufgabe nimmt die Möglichkeit der Sprache, Gefühle ausdrücken zu können, in den Blick. Die Textauszüge zeigen unterschiedlichen Reaktionsbereiche auf: die Perspektive der reagierenden Figur, der es *„die Sprache verschlagen"* hat, die Medienwelt durch den Vergleich der Situation mit einem Film, die Sprache in der genauen Beschreibung des Erscheinungsbildes.

Aufgabe 2: Es dürfte nicht so leicht sein, diese Aufgabe zu erledigen, da sie erstens eine Sensibilität für die Situation verlangt und zweitens die Fähigkeit, eine adäquate Formulierung zu finden. Damit haben Schülerinnen und Schüler eine Chance, die im emotionalen Bereich des menschlichen Miteinanders ihre Stärken im Wahrnehmen und empathischen Reagieren haben. So gesehen ist diese Arbeitsanweisung ein Beitrag zur Differenzierung.

1 „Kim Novak 1962" von Unbekannt – Nationaal Archief Fotocollectie Anefo. Lizenziert unter CC BY-SA 3.0 nl über Wikimedia Commons https://commons.wikimedia.org/wiki/File:Kim_Novak_1962.jpg#/media/File:Kim_Novak_1962.jpg

KAPITEL 3 [S. 34–47]

SH 19

Aufgabe 1a hat durch die zu formulierenden Überschriften zwei miteinander zusammenhängende Ziele im Blick: Training der Informationsentnahme und der Fokussierung auf das Wesentliche. **Aufgabe 1b** gehört in den Bereich der Interpretation, denn die Zuschreibung eines passenden Nomens setzt das Verstehen des Verhaltens der Mutter voraus.

Eine Verbindung zur Lebensrealität der Schülerinnen und Schüler stellt die **Aufgabe 2** her. Diese Aufgabe ist als Wahlmöglichkeit angeboten, da nicht alle diesbezügliche Erfahrungen mit dem Lesen haben. Hier könnte sich ein Unterrichtsgespräch über dieses Thema anschließen, um die Rolle von Literatur im weitesten Sinne zu verdeutlichen.

KAPITEL 4 [S. 48–61]

SH 20

Aufgabe 2: Diese Aufgabe verbindet eigene Erfahrungen mit Albträumen, was den Bezug zu der Lebensrealität herstellt, mit Textwissen, da die Antwort aus der Perspektive des Protagonisten gegeben und begründet werden muss. Auch über diese Thematik könnte ein Unterrichtsgespräch geführt werden.

KAPITEL 5 [S. 62–75]

SH 20

Durch die direkte Nachbarschaft dieser beiden Sätze im Text nutzt der Autor ein formales Mittel, um auf das Gesamtbild des Sommers in Genezareth hinzuweisen. Darauf soll mit **Aufgabe 1a** hingewiesen werden. Um zu erkennen, dass das Nebeneinander des *„Schmetterlings"* und des *„SCHRECKLICHEN"* im Nebeneinander der Sätze zum Ausdruck kommt, sind einerseits die Vorstellung von Sommeraktivitäten, in die das Bedrohliche einbricht, und andererseits die Fähigkeit, Text in Bilder umzusetzen, notwendig. Durch diese Schwierigkeit trägt die Aufgabenstellung zur Differenzierung bei.

Das Gestaltende Schreiben hat sich als Möglichkeit des Textzugangs etabliert und ist auch als Aufgabe in Klassenarbeiten und (Abschluss-)Prüfungen für die Sekundarstufe I zugelassen. Die Schwierigkeit für die Schülerinnen und Schüler besteht vor allem darin, den Gestaltungsauftrag nicht als freies kreatives Schreiben misszuverstehen und die Inhalte ihrer Texte aus der entsprechende Lektüre zu entnehmen. Die **Aufgabe 1b** bietet eine Übungsmöglichkeit, die durch die Anleitung (SH 57) unterstützt wird. Es sollte deutlich werden, dass ein gestaltender Text eng mit der Lesekompetenz verbunden sein muss.

Aufgabe 2 ist ein Beispiel für den Zusammenhang von sprachlichem Ausdruck, der Einstellung, die dahinter steht, und der Wirkung, die sie auslöst. Die Schule sollte vermehrt die Gelegenheiten aufgreifen, sich mit diesen für unsere Kommunikation wesentlichen Phänomen zu beschäftigen, gehört es doch zu einer Kompetenz, die im privaten wie beruflichen Leben gefordert ist.

KAPITEL 6 [S. 76–88]

SH 21

Aufgabe 1a hat die Schlechtigkeit der Welt zum Thema und übernimmt die Einschätzung der beiden jugendlichen Hauptfiguren, was die Zuordnung zu zwei unterschiedlichen Bereichen anbetrifft: den Bereich der Übertretungen von Regeln und Gesetzen bis hin zu Vergehen wie das Leerräumen eines Kaugummiautomaten und den Bereich der Verbrechen gegen die Menschlichkeit, auf die durch den Hinweis auf die Gräueltaten des Naziregimes hingedeutet wird. Vor Erledigung dieser Aufgabe könnte ein Unterrichtsgespräch über diese Thematik hilfreich sein.

Die Hinweise für die Aufgabe 2 des 5. Kapitels gelten auch für die **Aufgabe 2.**

KAPITEL 7 [S. 89–102] SH 22

Aufgabe 1a berücksichtigt Überlegungen zum Leben, wie sie viele Jugendliche schon angestellt haben, wenn sie sich andere Möglichkeiten vorstellen oder entscheiden, dass solche Vorstellungen nutzlos, weil nicht realisierbar sind. Aus diesem Erfahrungsbereich können die Schülerinnen und Schüler schöpfen, wenn sie die Aufgabe bearbeiten. Gleichzeitig beschäftigen sie sich mit den Figuren, denen ein weiteres Merkmal hinzugefügt wird.
Handlungs- und Produktionsorientierung soll in **Aufgabe 1b** zur Interpretationsvertiefung führen. Das Verfassen eines Elfchens ist meist schon seit der Grundschule eingeübt, sodass die Aufmerksamkeit verstärkt auf den Inhalten liegen kann.

Aufgabe 2, gebunden an die Lebensrealität und das Figurenverständnis, soll die Sensibilität und die Stärke der Reaktionen des Jungen herausstellen, die möglicherweise auch im Rätsel um den Täter eine Rolle spielen.

KAPITEL 8 [S. 103–113] SH 23

Hinweise zu der Methode des Lesetheaters finden sich in diesem Heft auf Seite 22 (XIII. Aufgaben aus der Theaterpädagogik).

KAPITEL 9 [S. 114–124] SH 23

Aufgabe 1a, die sich mit Pubertät und erwachter Sexualität und Verwirrung beschäftigt, soll einerseits deutlich machen, wie sensibel der Junge für die Problematik ist, andererseits zeigen, wie Sprache damit einfühlsam umgehen kann.

Aufgabe 2 gibt durch die Antwort den Hinweis auf vertieftes Textverständnis und Einsicht in die Figur.

KAPITEL 10 [S. 125–135] SH 24

Aufgabe 1a bringt die eigenen Reaktionen der Lerngruppe auf die Begegnung mit einer attraktiven und sexuell anziehenden Person ins Spiel. So werden sie sich unschwer mit den Figuren identifizieren können und Gründe finden.

Die Aufforderung **(1b)** zum interpretierenden Sprechen fügt der Beschäftigung mit der Kommunikation die Handlungs- und Produktionsorientierung hinzu. Wenn dieser Arbeitsauftrag im Klassenverband erledigt wird und viele unterschiedliche Versuche unternommen und besprochen werden, kann der Teilbereich Zuhören und Sprechen sowohl einen Beitrag zur Verdeutlichung von Textinformationen als auch zum Training der Kommunikationskompetenz beitragen.

Die Ausdrucksmöglichkeiten der Sprache, die hinter den Worten liegende Bedeutungen vermitteln können und zu Vorstellungen der Sprechweise der Figuren anregen, sind Thema der **Aufgabe 2.** Wahrnehmung von der Funktion der Formulierungen trägt dazu bei, Textqualität beurteilen zu können und den Transfer auf die Kommunikation in der Lebensrealität zu leisten.

KAPITEL 11 [S. 136–147] SH 24

Schon in der Behandlung der Fabel in Grundschule und Unterstufe sind die Schülerinnen und Schüler mit der Symbolbedeutung der Tiere bekannt gemacht worden. Darauf baut die **Aufgabe 1a** auf, die durch den Informationstext das Symbolverständnis erweitert und anschließend durch die Übertragung auf den Text zur Figurencharakterisierung beiträgt.

Aufgabe 1b greift das Gestaltungsmittel des Vergleichs auf, um die Einstellung des Ich-Erzählers zu Liebe und Sexualität zu verdeutlichen. Die Anweisung, selbst Vergleiche zu finden, gibt Vorstellungen Raum, die sich mit dem Textwissen zu einem individuell geprägten Ergebnis verbinden.

Aufgabe 2 soll durch Edmunds Überlegungen über Handeln zum Nachdenken über unser diesbezügliches Verhalten anregen und nimmt die Lebensrealität in den Blick.

KAPITEL 12 [S. 148–159] **SH 25**

Aufgabe 1a bietet erneut eine Trainingsmöglichkeit für das Gestaltende Schreiben durch die Anweisung, in den Text Kommentare einzufügen. Das bedeutet, Co-Autorschaft zu übernehmen und Leerstellen im Text zu füllen. Dabei werden Textverständnis und Urteilsvermögen gleichermaßen gefordert und gefördert.

1b verbindet Literatur mit Musik. Durch die Wahl einer passenden Musik wird der Fokus auf die Figur und ihre Gefühle, gleichzeitig aber auch auf die Stimmung der Szene gelegt, was in der Vorstellungsbildung beim Lesen schon mitschwingen kann.

Auf die Fähigkeiten, Wesentliches aus Texten zu entnehmen und benennen zu können, ist die **Aufgabe 2** ausgerichtet. Die Verbindung mit der Bildgeschichte regt das Vorstellungsvermögen an und trägt zur Motivation bei.

KAPITEL 13 [S. 160–172] **SH 26**

Aufgabe 1a greift auf das seit langem bewährte Positionsbild zurück, das Beziehungen zwischen Figuren veranschaulicht, wenn auch nicht so eindrücklich wie das Standbild, das mithilfe von Gestik und Mimik und eventuell auch Sprechen die Aussage umfassender zum Ausdruck bringen kann. Die Außenseiterstellung des Berra Albertsson und die Nähe von Henry und Erik zu Ewa sollten ebenso verdeutlicht werden wie die Beziehung der Brüder und der beiden Jungen.

Handlungs- und Produktionsorientierung soll wiederum in **Aufgabe 1b** zur Interpretationsvertiefung führen. Das Verfassen eines Rondells ist häufig nicht geläufig, aber durch seine einfache Form gut handhabbar, sodass die Aufmerksamkeit auch verstärkt auf den Inhalten liegen kann.

Aufgabe 2 muss in zwei Möglichkeiten angeboten werden, da nicht davon ausgegangen werden kann, dass alle Schülerinnen und Schüler auf demselben Stand der Textkenntnis sind. Der zitierte Satz gehört zu den in der Diskussion um den Täter am meisten angeführten Textstellen, da er keine eindeutigen Schlussfolgerungen zulässt. Es wird durchaus Unterschiede geben in der Einschätzung des Grundes, da die Vermutungen, die sich nur auf den bisher gelesenen Text stützen können, eher aus der Handlungssituation gegeben werden als aus dem Überblick über das Gesamtgeschehen.

KAPITEL 14 [S. 175–179] **SH 27**

Aufgabe 1a legt das Augenmerk auf formale Mittel, deren Kenntnis in Prüfungen vorausgesetzt wird. **Aufgabe 1b** verdeutlicht die Unterschiede zwischen erzählender und berichtender Inhaltsvermittlung und klärt gleichzeitig, welche Informationen gesichert sind.

An die Beschäftigung mit formalen Merkmalen schließt **Aufgabe 2** an, wenn sie das Gespür für Schreibstile testet.

KAPITEL 15 [S. 180–190] **SH 28**

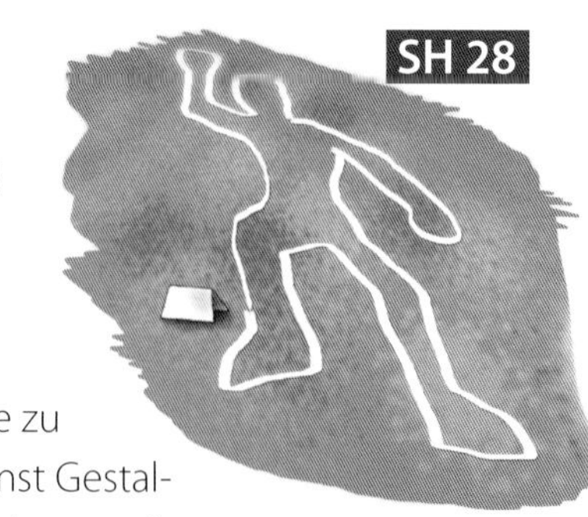

Die richtige Beantwortung der Frage der **Aufgabe 1a** hängt von der Aufmerksamkeit und dem Wissen der Schülerinnen und Schüler ab, die Zeit der Romanentstehung betreffend. Erst 1985 entwickelte ein Team um den Wissenschaftler Alec Jeffrey in Großbritannien die Methode des DNA-Fingerprintings.[2] Der Roman spielt 1962.

Aufgabe 2 verbindet mit der Motivwahl Textwissen und die Fähigkeit, das Wesentliche zu erkennen, mit den Ausdrucksmöglichkeiten der Malerei. Wer im Bereich der Bildenden Kunst Gestaltungskompetenz besitzt, wird nicht nur die Informationen des Textes nutzen, sondern auch Vorstellungen von möglichen Gemälden haben.

KAPITEL 16 [S. 191–201] **SH 28**

Die Frage der **Aufgabe 1a** hat ein die Romanhandlung mitbestimmendes und für das Rätsel um den Täter wichtiges Verhalten der beiden Jungen im Blick. Schon hier könnten die Antworten auf die mögliche Rolle hinweisen, die Erik und

2 http://www.gen-ethisches- netzwerk.de/alte_seite/gid/TEXTE/ARCHIV/PRESSEDIENST_GID133/CHRONOLOGIE.HTML

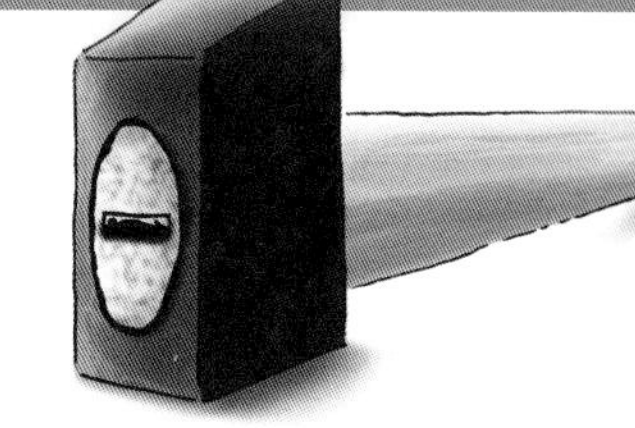

Edmund im Mordgeschehen spielen. Das Formulieren von Schlagzeilen **(1b)**, durch die Medienwelt mitgeprägt, ist erfahrungsgemäß eine gern erledigte Aufgabe, weil sie die Inhalte mit einer die Leser ansprechenden Vermittlung verbindet. Im besten Fall kommen Schlagzeilen und die eigenen Reaktionen darauf ins Gespräch, was ein Plenum, eine Partner- und eine Gruppenarbeit leisten könnten.

Aufgabe 2 fordert ein Mitdenken in der Romansituation. Denn nur, wenn Eriks Haltung, möglichst keine verräterischen Antworten zu geben, mitempfunden wird, kann erschlossen werden, worüber er wirklich nachdenken könnte. Aufgrund dieser besonderen Schwierigkeit ist diese Aufgabe zur Wahl gestellt.

KAPITEL 17 [S. 202–212] SH 29

Die Erklärung, warum sich die Aussagen widersprechen **(Aufgabe 1a)**, setzt sowohl das Verständnis dieser Aussagen voraus als auch eine genaue Einschätzung der Motive der Figur und ihrer Situation. Abgeglichen werden kann die Antwort später mit der Reaktion Henrys auf Lundgren (S. 223 und S. 242 im Buch).

Aufgabe 2 soll deutlich machen, wie viel von einem Begriff für das Verständnis einer Aussage abhängen kann. Außerdem können die Schülerinnen und Schüler ihre Lebensrealität einbringen, wenn sie auf ihre Erfahrungen mit Situationen zurückgreifen, in denen sie wussten, was getan werden müsste, aber mit der Ausführung Schwierigkeiten hatten.

KAPITEL 18 [S. 213–221] SH 29

Der Nachweis der Kenntnis von sprachlichen Gestaltungsmitteln und vor allem die Erläuterung ihrer Funktion/Wirkung gehört zum Repertoire der Prüfungen. **Aufgabe 1a** bietet die Möglichkeit, die Wirkung einer im Buch eine bedeutende Rolle spielende Metapher so konkret zu beschreiben, dass sich die Ausführungen nicht in den üblichen Allgemeinplätzen verlieren.

1b weist darauf hin, wie schwer es sein kann, Probleme anzusprechen, und wie groß die Versuchung, diese unangenehme Aufgabe vor sich her zu schieben. Die schriftliche Vorformulierung von Mitteilungen, die in dieser Aufgabe gefordert ist, entspricht der Person des Ich-Erzählers und kann ein Angebot sein, es im eigenen Lebens in entsprechenden Situationen als Hilfe zu nutzen.

Aufgabe 2 stellt die Frage Eriks in den Mittelpunkt ob es besser sei, sich auf die Liebe einzulassen und Gefahr zu laufen, verletzt zu werden, oder sich der Liebe gar nicht erst zuzuwenden, und fordert zur Diskussion darüber auf. Es handelt sich um eine existentielle Fragestellung im Roman ebenso wie in der Realität. Eine Diskussion darüber, in die sich die Lehrperson einbringen sollte, kann ein Beispiel sein, wie Anschlusskommunikation[3] gelingt.

KAPITEL 19 [S. 222–228] SH 30

Die Lösung der **Aufgabe 1a** kann als Hinweis auf die Rolle, die Henry im Mordgeschehen spielt, verstanden werden. Sie zeigt die Handhabung des Mordgeschehens und seiner Aufklärung, die der Ich-Erzähler praktiziert und die den Roman so spannend macht bis über sein Ende hinaus.

Alle Strichmännchen-Paare der **Aufgabe 1b** passen zu Henry und Erik während ihres Gespräches. Es kann keine falsche Antwort geben. Die Diskussion über die Ergebnisse ist eine Gelegenheit, eigene Entscheidungen nicht absolut zu setzen und Fremdsichten auszuhalten, ein angemessener Umgang mit Literatur wie auch mit Argumenten, die den eigenen Auffassungen widersprechen.

Aufgabe 2 zielt auf die Schwierigkeit, mit Informationen umzugehen, die das eigene Weltbild und die moralische Einstellungen in Zweifel ziehen lassen. Sich dem Problem zu stellen, erfordert Stärke und Selbstbewusstsein, die Erik noch nicht entwickelt hat, die manche Menschen nie entwickeln. Dann bleibt die Verdrängung als Ausweg, der Weiterentwicklung verhindert. Wieder stellt der Roman die Leser vor eine existentielle Problematik, wieder kann ein Gespräch darüber, wenn es auf gegenseitiges Vertrauen aufgebaut ist, die Teilnehmer nicht nur in der Interpretation, sondern auch persönlich weiterbringen.

3 Anschlusskommunikation, Austausch über Gelesenes, ist Teil der literarischen Kompetenz

KAPITEL 20 [S. 229–238] SH 31

Aufgabe 1 soll eine Übersicht herstellen über die im Verhör zur Sprache kommenden Themen. Durch diese Gliederung in Gesprächsphasen wird deutlicher, welchen Schwierigkeiten sich die Verhörten stellen müssen, um ihr Wissen für sich zu behalten. Hilfestellung geben die Stichwörter, die die einzelnen Teile des Gesprächs bezeichnen. Die Aufgabe der Schülerinnen und Schüler ist es, die Passagen im Text zu erkennen und zu markieren.

Nach der eher einfachen vorhergehenden Arbeitsanweisung, die Textgliederung fordert, gehört **Aufgabe 2** wieder in den Bereich des Mordrätsels. Es sollte darauf hingewiesen werden, dass auch auf gründlichen Überlegungen beruhende Antworten nur als Vermutungen geäußert werden können.

KAPITEL 21 [S. 239–252] SH 34

Aufgabe 1a geht von der Annahme aus, dass die Formulierung im Text eher ein Nicht-Suchen zum Ausdruck bringt. Darauf soll die Lerngruppe durch die Umformulierung aufmerksam gemacht werden.

Die Fragen, die in **Aufgabe 1b** gefordert sind, können sich auf das Geschehen um den Mord und die Täterschaft beziehen, aber auch die Gedanken- und Gefühlswelt des Protagonisten zum Inhalt haben. Damit ist eine Differenzierung gegeben, die sowohl das Interesse an Textinhalten als auch das Interesse an Personen widerspiegelt.

Aufgabe 2 arbeitet mit Intertextualität, d.h. vereinfacht Bezüge zwischen Texten, die hier darin bestehen, dass aufgezeigt wird, wie lyrische Texte mit Liebe umgehen und inwieweit ihre Inhalte der Liebe Eriks für Ewa Kaludis entsprechen, wobei die Antwort von dem jeweiligen Textverstehen der Gedichte und dem Verständnis der Gefühle Eriks abhängig sind.

KAPITEL 23 [S. 270–277] SH 35

Das Ergebnis der **Aufgabe 1** kann nicht falsch sein, weil jede Antwort textentsprechend sein kann und von der Einschätzung der Kommissar-Figur, die nicht eindeutig gezeichnet wird, abhängig ist. Das ist ein gutes Beispiel für eine an den Text gebundene Interpretationsfreiheit. Die Verfilmung greift diese Möglichkeit geschickt auf, indem sie Lindström als wesentlich klüger darstellt, wenn er vorsichtig andeutet, dass er Erik und Edmund durchschaut. Die Antworten der Schülerinnen und Schüler werden zum Teil auch beeinflusst sein von ihrem Kenntnisstand der Krimi-TV-Welt und ihrer Charakterisierung der Kommissare.

Aufgabe 2 soll mit dem Hinweis auf die *„Einfachheit"* der meisten unaufgeklärten Morde einen Beitrag leisten zum Rätsel um den Täter. Einerseits findet sich diese *„Einfachheit"* in der Manuskriptseite von Henry, die Erik liest, andererseits sind für die Ausführung der Tat keine komplizierten Pläne und Vorbereitungen notwendig, sodass sie mit einer gewissen Spontaneität aus der Forderung der Situation heraus begangen werden kann.

KAPITEL 24 [S. 278–287] SH 35

Aufgabe 2 schließt die Beschäftigung mit dem ersten Teil der Deutungen mit einer Frage ab, die abrundend noch einmal darauf hinweist, wie existentiell das Geschehen für den Ich-Erzähler ist und welche Möglichkeit Literatur zur Verarbeitung bereit hält.

VI. DIE HANDLUNGSTRÄGER

SH 36–40

Erik Wassman

Die Rollenbiografie, eine Methode der Theaterpädagogik, übernommen in die Textform des Gestaltenden Schreibens, eignet sich in besonderem Maß zur Vorstellung einer Figur, da sie nicht nur durch die vermittelten Informationen, sondern durch die Art der Präsentation dieser Informationen in der fingierten Ich-Vorstellung an Anschaulichkeit gewinnen kann. Daher entspricht **Aufgabe 1** der Mittelpunktstellung des Ich-Erzählers im Handlungszusammenhang.

Erik und Henry

Aufgabe 1 zeigt eine andere Methode, Informationen über eine Figur anschaulich zu vermitteln. Durch eine Mindmap ist es den Schülerinnen und Schülern möglich, die im Buch an verschiedenen Stellen gemachten Angaben in eine Struktur zu bringen, was die Umsetzung in einen Text erleichtert. Auch die in **Aufgabe 2** geforderte Tabelle, die einer Übersicht über die Rolle Henrys für seinen Bruder Erik dient, ist eine Visualisierung, die zum Standardprogramm des Unterrichts gehört und immer wieder genutzt werden sollte, da sie auch einer leistungsschwächeren Lerngruppe, die mit einer Mindmap vielleicht überfordert ist, Hilfestellung sein kann.

Erik und Edmund

Aufgabe 1 fordert im Unterschied zu den Aufgaben, die Erik und Henry betreffen, einen zusammenfassenden Text, der Informationen weiterleitet und abgleicht. Die Visualisierungsmöglichkeiten können hier selbstständig in der Vorbereitung der Textproduktion genutzt werden. So gesehen bauen die Aufgaben aufeinander auf.

Mit der Entscheidung für eine Bezeichnung, die den Beziehungen des Ich-Erzählers zu den beiden Bezugspersonen Benny und Edmund entspricht, wird in **Aufgabe 2** Erfahrungswissen der jungen Leserinnen und Leser genutzt. Die Bezeichnungen ermöglichen eine individuelle Schwerpunktsetzung, was die Beziehung jeweils ausmacht und sind teilweise diskutierbar, was motivierend wirken kann, da der Transfer auf die eigene Lebensrealität nahe liegt.

Aufgabe 3 beschäftigt sich mit den vom Ich-Erzähler eingebrachten Überlegungen, was die Beziehung zu Edmund ausmacht und wo Gemeinsamkeiten und Unterschiede auszumachen sind. Wenn die Ergebnisse dieser Aufgabe die Textinformationen sorgfältig auswerten, kann die Wahl der stärksten Gemeinsamkeit und des größten Unterschiedes auf den Zusammenhang mit dem Mordgeschehen hinweisen, indem sie Mutmaßungen ermöglicht, die das Mordrätsel betreffen.

Aufgabe 4 verbindet formale Merkmale des Romans (Aufbau in drei Teile) mit der Entwicklung von Beziehungen, erweitert die Handlungsentwicklung um einen figurenspezifischen Aspekt. Das Hinzufügen von passenden Textstellen sichert Arbeit mit dem Text und dient der Absicherung der Ergebnisse.

Erik und Ewa Kaludis

Aufgabe 1 füllt die Wissenslücke über Kim Novak, da die heutige Jugend den damaligen Filmstar kaum noch kennen dürfte. Da Ewa Kaludis mit ihr verglichen wird, ist es wichtig, dass ein entsprechendes Vorstellungsmodell existiert.

Die Gefühle Eriks für Ewa Kaludis sind Thema der **Aufgabe 2.** Sie sind vielschichtig, werden in unterschiedlichen Situationen vom Ich-Erzähler angesprochen, der jeweils den Aspekt beschreibt, der in der Situation zum Tragen kommt. Das soll herausgearbeitet und bewusst gemacht werden durch die Zuordnung der entsprechenden Situation.

Die sachliche distanzierte Sprache, mit der die Erfahrungen mit dem weiblichen Geschlecht und die Familiengründung zusammenfasst werden, hebt in der Gegenüberstellung mit sensibel erzählten Textpassagen, die von Ewa Kaludis handeln, die Bedeutung, die diese Frau für den Ich-Erzähler hat, im Kontrast hervor. **Aufgabe 3** zeigt auf die Möglichkeiten des Stils, unterschiedliche Textbotschaften entsprechend zu transportieren.

VII. DAS EXISTENTIELLE

SH 41–43

Die *„Pflasterworte"*

Aufgabe 1 soll durch die Erklärung, warum *„Krebs"* zu den *„Pflasterworten"* gehört, zu der Situation, in der sich Erik befindet, konkrete Vorstellungsbilder anregen. So wird veranschaulicht, welche Problematik der Junge durch das *„Pflasterwort"* zu bannen versucht. Zudem sind Aufgaben, die zur Formulierung kürzerer Texte auffordern, eine sich im Verlauf der Bearbeitung wiederholende Arbeitsanweisung und sichern ein diesbezügliches Training.

Aufgabe 2 ist ein weiteres Beispiel für diese Formulierungsübungen, die inhaltlich darauf hinweisen soll, wie sehr die Menschen die Erinnerung an diese unmenschlichen Vorgänge zu verdrängen versuchen und wie wenig der Junge dadurch über die Zeit des Nationalsozialismus weiß. Ein Unterrichtsgespräch über die Problematik des Umgangs mit dem Holocaust in der BRD hätte an dieser Stelle seinen Platz.

Die wesentliche Unterscheidung zwischen der rein körperlichen Liebe und dem Gefühl, das die Erotik mit Zuneigung und Zärtlichkeit verbindet, nimmt **Aufgabe 3a** in den Blick, wenn es darum geht, die diesbezüglichen Begriffe voneinander abzugrenzen. Im Romangeschehen ist diese Unterscheidung von handlungsbestimmender Bedeutung. Die Thematik eignet sich für einen Transfer in die Lebensrealität der Schülerinnen und Schüler, wobei auch die verbale Komponente und ihre Funktion mitberücksichtigt werden sollten, was im Anschluss an die Textstellensuche durch konkrete Beispiele angeregt werden könnte. **Aufgabe 3b** trägt durch einen Vergleichstext, der sich mit der Zeit der Pubertät beschäftigt, zur Intertextualität bei und deutet auf die Selbstverständlichkeit, mit der in der Literatur mit Themen der Sexualität umgegangen wird. Die der Darstellung dieser Entwicklungsphase dem Roman Nessers entsprechenden Inhalte verbinden Texte und Autoren. Diese Qualität von Literatur sollte deutlich gemacht werden.

Die Arbeitsanweisung, die in der **Aufgabe 4a** gegeben wird, das *„Pflasterwort" „Und Edmunds Vater"* zu konkretisieren, soll auf den großen Stellenwert dieser Thematik für den Ich-Erzähler und auch für Edmund hinweisen, der den Handlungsverlauf mitbestimmt. Daran schließt sich weiterführend an, eine individuelle Reihenfolge der Wichtigkeit der *„Pflasterworte"* für Erik aufzustellen **(4b)**. Die Schwierigkeit dieser Aufgabe besteht darin, aus der Perspektive des Ich-Erzählers und nicht der eigenen zu antworten.

Eine sorgfältige Überprüfung und ein damit verbundener Hinweis auf die unterschiedlichen Blickwinkel wäre hier anzuraten.

Aufgabe 5 wiederholt mit der Aufforderung, Henrys Aussagen über das Leben den *„Pflasterworten"* gegenüber zu stellen und zu erläutern, warum die unterschiedlichen Lebenseinstellungen durch sie deutlich werden, was die Symbole Adler und Taube in anderer Weise ausdrücken, und rückt ihrerseits die Vermittlungsmöglichkeiten der Sprache in den Blick.

Die Reaktionen

Über Träume eine Aufgabe zu stellen, die sich mit Traumdeutungen befasst, würde den Rahmen der Erarbeitung der ersten Deutungen sprengen, da die unterschiedlichen Theorien berücksichtigt werden müssten. **Aufgabe 1** geht daher von dem weitgehend akzeptierten Satz aus, dass man in seinen Träumen sein Leben verarbeitet. So kann mit der Aufgabenstellung direkt in die Arbeit am Text eingestiegen werden. Durch die Zuordnung der Träume Eriks zu seinem Leben, werden wichtige Situationen und Probleme herausgestellt. Das bietet erneut die Gelegenheit des Transfers in einem Unterrichtsgespräch über den *„Sitz im Leben"*, den Träume haben können.

Aufgabe 2 ist insofern ein logischer Anschluss an Aufgabe 1, als hier eine andere Möglichkeit der Erfahrungsverarbeitung angeboten wird. Denn das Zeichnen bietet Erik nicht nur einen Rückzug und das Gefühl von Freiheit und Selbstwert an, was in der Aufgabe detailliert erarbeitet werden soll, das Comic-Zeichnen ist eben dadurch auch eine Verarbeitungsmöglichkeit.

VIII. DAS RÄTSEL UM DEN TÄTER

SH 44–46

Das Rätsel um den Täter ist für die jugendlichen Leser der Themenbereich, der ihr größtes Interesse auf sich zieht und so auch die stärkste Lesemotivation erzeugt. Daher versteht es sich von selbst, dass die Aufgaben zu diesem Thema den ihnen gebührenden Platz in der Lektürebearbeitung bekommen.

Die Motive

Zu einer ersten Täter-Vermutung aufzufordern **(Aufgabe 1)** ist naheliegend, weil diesbezügliche Überlegungen naturgemäß den Leseprozess begleiten.

Die Überlegungen weiterführend, beschäftigt sich **Aufgabe 2a** mit möglichen Tatmotiven. Dazu soll zunächst die Liste von in der Kriminalistik bekannten Motiven (eine Auswahl) Informationen als Grundlage zum Rätseln und eventuellen Entscheiden zur Verfügung stellen.

Aufgabe 2b greift auf die in Kriminalromanen und Filmen häufig verwendete Tatortskizze zurück. Zur Herstellung dieser Skizze ist ein sehr sorgfältiges Lesen der angegebenen Textpassagen notwendig. Eine besondere Schwierigkeit ergibt sich aus der Tatsache, dass zu dem Zeitpunkt, an dem sich das Romangeschehen abspielt, in Schweden nach den Regeln des Linksverkehrs gefahren wurde. Nur wenige Schülerinnen und Schüler werden auf die Idee kommen, sich überhaupt mit Rechts-und Linksverkehr zu beschäftigen, was den Reiz dieser Aufgabe erhöht.

Die Hinweise

Der Autor hat verraten, dass er einen Hinweis auf den Täter im Text versteckt hat. Liest man sehr genau, so kann man mehrere, zumindest auffällige Textstellen entdecken, die im Zusammenhang mit dem Mordrätsel von Bedeutung sein könnten.

Für **Aufgabe 3** sind einige dieser Textstellen zusammengestellt worden und es bleibt der Lerngruppe überlassen, ob oder welche Hinweise sie herauszulesen meint. Diese Aufgabe regt zum genauen Wahrnehmen der Formulierungen an und bietet so eine motivierende Möglichkeit, Lesekompetenz zu trainieren. Eine Anschlusskommunikation im Unterrichtsgespräch könnte die Motivation unterstützen.

Der Verdacht

Aufgabe 4 konzentriert das Spiel um den Täter auf die zwei Verdächtigen, die auch in den Rezensionen und nach Aussagen des Autors die meisten Stimmen bekommen haben oder sogar als einzige mögliche Täter bezeichnet worden sind: Erik und Edmund. **Aufgabe 5** nimmt diese Information auf und lässt Gründe nennen, um die beiden anderen Verdächtigen zu entlasten. Auch hier ist Lesekompetenz gefordert, auch hier wird die Erarbeitung durch Motivation unterstützt.

Aufgabe 6 konzentriert sich auf einen der Hauptverdächtigen, den Ich-Erzähler. Sie gibt in der Aufgabenstellung die Textstelle an, auf die der Autor als Hilfe zur Entlarvung des Täters hingewiesen hat, ohne den Zusammenhang zu erläutern.

Um zu einem brauchbaren Ergebnis zu kommen, müssen mehrere Schritte ausgeführt werden: bemerken, dass das letzte Zitat aus dem Kriminalroman von Agatha Christie stammt, den Zusammenhang mit dem Ich-Erzähler herstellen, der den Roman von Agatha Christie liest, die Bemerkung Nessers einbeziehen und die entsprechende Schlussfolgerung leisten.

Das ist keine leichte Aufgabe, aber eine Aufgabe, die dazu reizt, eine Lösung zu finden. Die Sozialform der PA oder GA bietet sich hier an, die Gelegenheit gibt, in einer gemeinsamen Formulierung des Plädoyers, eine Zusammenfassung der Ergebnisse der Überlegungen zu verbalisieren.

So ist Textproduktion verbunden mit Arbeit am Text und dem Spielcharakter der Tätersuche.

IX. TEXTMERKMALE

SH 47–52

Der Aufbau

Die Entscheidung für ein Schaubild (**Aufgabe 1a**), von denen jedes richtig sein kann, verlangt Überblick und eine individuelle Schwerpunktsetzung, die in der Begründung erläutert werden soll.

Aufgabe 1b erweitert die Übersicht durch die Überschriften, die auf den Inhalt des jeweiligen Teils zielen.

Aufgabe 2a nimmt Bezug auf die Spannung, die durch den ungenauen Begriff das SCHRECKLICHE aufgebaut wird, und weist auf Erzähltechniken hin, während **2b** vom Ende des Romans ausgeht und durch die Frage nach dem Grund für die Schlussstellung der Metapher *„Wolke"* die existentielle Bedeutung der Ewa Kaludis anspricht, die handlungsbestimmend ist.

Diese Handlung, die auf das SCHRECKLICHE zuläuft, wird in ihrer Spannung langsam aufgebaut. Die Erarbeitung der Mittel (**2c**), wie dieser langsame Spannungsaufbau erreicht wird, verbindet die formalen Aspekte mit Inhalten und Textbotschaften.

Die **Aufgaben 3a und 3b** binden grammatikalische Merkmale ein, wenn sie Zeitformen bestimmen und ihren Bezug zu Erzählzeit und erzählter Zeit aufzeigen lassen und somit wieder die erzähltechnische Ebene mit einbeziehen.

Der Erzähler – Das Spiel mit dem Leser

Die **Aufgabe 4a und 4b** dienen der Klärung der Erzählperspektive mithilfe eines Informationstextes und eines Textbelegs.

Verschweigen, Andeutungen und ungenaue Formulierungen als Mittel, den Leser zu verwirren und das Rätsel um den Täter ungelöst zu lassen, werden in der **Aufgabe 5a** mit der Frage- und Antworttechnik bearbeitet. Textstellen werden jeweils vorgegeben, die dazu gestellten Fragen sollen die jeweils verwendete Technik deutlich machen und mit Textinhalten oder dem Bezug zum Leser verbinden.

Aufgabe 5b beschäftigt sich gesondert mit der Lüge, die auch eine Sonderstellung im Handlungszusammenhang darstellt, weil sie das auffälligste Mittel ist, die Entlarvung des Täters zu verhindern. Das soll durch die Handlungssituationen, nach denen gefragt wird, und die Funktion der Lüge für den Handlungsfortschritt belegt werden.

Stil und Sprache

Aufgabe 6 soll verdeutlichen, dass der Romanstil durch eine knappe und unkomplizierte Sprache gekennzeichnet ist.

Erfahrungsgemäß halten Schülerinnen und Schüler häufig schon einfache Satzgefüge für kompliziert. Daher ist eine Aufgabe (**6a**) gewählt worden, die einen Vergleich fordert mit einem Text, der eine besonders komplizierte Satzkonstruktion aufzuweisen hat. Das erleichtert es, zusammen mit den Vorgaben der Tabelle, die Charakterisierung der Sprache im Roman als richtig zu erkennen.

Auf ein häufig eingesetztes sprachliches Gestaltungsmittel macht **Aufgabe 6b** aufmerksam, **6c** fügt die Verknüpfung mit einem zweiten oft genutzten Merkmal an und versucht, mit der Aufforderung, die Vorstellungen zu beschreiben, die beim Lesen in den Sinn kommen, den phrasenhaften Erläuterungen zur Funktion eines Gestaltungsmittels, zu denen Schüler neigen, entgegenzuwirken.

Aufgabe 6d macht darauf aufmerksam, wie der Autor den spielerischen Umgang mit der Sprache als Merkmal für die Charakterisierung jugendlicher Verhaltensweisen nutzt.

Aufgabe 7a nimmt die Redensarten und ihre Funktion für die Darstellung von Kommunikation und Figurenbeziehungen in den Blick. Um deutlich zu machen, wie sich Phrasenhaftigkeit auf eine Situation auswirken kann, soll eine Floskel in einem Gespräch zwischen Erik und Edmund einen kommunikativen Satz ersetzen und in seiner Wirkung beurteilt werden.

7b gibt individuellen Antworten Raum. Die **Aufgabe 7b** soll auf die verschiedenen Möglichkeiten hinweisen, die es für die Bedeutung von Schweigen gibt. Die Entscheidung für eine zur Situation passende Erläuterung erfordert Verständnis für Figuren und Situationen, die Informationen über das Schweigen bieten sich für einen Transfer an, Erfahrungen auszutauschen und Wissen über Kommunikation zu erweitern, das sich im privaten wie beruflichen Umgang qualitätssteigernd auswirkt.

Der Text im Text

Aufgabe 8 hat Intertextualität innerhalb des Romans zum Thema und soll aufzeigen, welche Möglichkeiten der Einflussnahme eines Textes im Text auf Figurendarstellung und Handlungszusammenhang bestehen: die Bedeutung der Manuskriptseite für die Charakterisierung Henrys, den Handlungsverlauf und das Rätsel um den Täter, die Wichtigkeit des Comics, um die Situation des Ich-Erzählers und seine Reaktion darauf zu verstehen.

X. INTERPRETATION

SH 53–54

Aufgabe 1 beschäftigt sich mit den Merkmalen, die auf den Kriminalroman zutreffen.
Da diese Merkmale zum Teil auch für eine Einordnung des Romans als Text, der die Zeit zwischen Kindheit und Erwachsensein mit ihrem Vortasten ins Leben beschreibt, stehen, wird deutlich, warum eine eindeutige Entscheidung so schwierig ist.

In diesem Zusammenhang könnte auch das Rätsel um den Täter einen anderen Stellenwert bekommen, einen Stellenwert, den der Autor in einer Äußerung über den Roman bestimmt: *„»Ich weiß, dass sie in Schweden in der Oberstufe darüber abstimmen, wer der Mörder ist, aber für mich geht es vor allem um das Erwachsenwerden der zwei Jungs.«“*[1]

Die Großbuchstaben des an vielen Stellen des Romans aufgegriffenen Ausdrucks das SCHRECKLICHE, der nie durch einen anderen Begriff ersetzt wird, weist auf die Bedeutung des damit verbundenen Geschehens für den Ich-Erzähler hin, was durch die **Aufgabe 2** verdeutlicht werden soll.

Der Lückentext zur Interpretation **(Aufgabe 3)** und die vorgegebenen Lückenwörter erleichtern die Erarbeitung des Interpretationstextes und stellen durch einen schnell durchzuführenden Abgleich mit den richtigen Lösungen sicher, dass alle Schülerinnen und Schüler eine für die Prüfungsvorbereitungen wichtige Unterlage zur Verfügung haben.

Die abschließende **Aufgabe 4** greift mithilfe einer theaterpädagogischen Methode, der Statue, die wesentlichen Themen des Romans auf. Die Wahl des Themas ist den Gruppen überlassen, damit sie die Themen diskutieren und dabei Interpretationsaspekte wiederholen. Das Erarbeiten einer adäquaten Ausdrucksform in der Statue führt zur weiteren Auseinandersetzung mit dem Thema.

1 http://www.schwedenkrimi.de/nesser_interview.htm

XI. DER AUTOR UND SEIN WERK

SH 55–56

Informationen über den Autor sind im Internet reichlich und interessant aufbereitet zu finden, vor allem unter dem Link:

http://www.schwedenkrimi.de/nesser_biografie.htm

So bietet es sich an, die Schülerinnen und Schüler damit arbeiten zu lassen. Dazu dienen die **Aufgabe 1–3** in unterschiedlicher Weise: Das Lesen der Informationen über Leben und Werk stellt das Material für die weiteren Arbeitsanweisungen zur Verfügung. Durch das Formulieren einer Überschrift kann nachgewiesen werden, inwieweit der Individualität des Autors Rechnung getragen wird, Fragen, die an Nesser zu stellen sein könnten, sollen zur intensiveren Auseinandersetzung mit dem Schriftsteller motivieren und die **Wahlaufgaben 4 und 5** (aus Gründen der Zeitökonomie als Wahlaufgaben angeboten) entlassen die Lerngruppe in die Selbstständigkeit der Recherche und anschließenden Aufbereitung von Text- und Bildmaterial, wobei die Interviews auf YouTube unbedingt berücksichtigt werden sollten.

XII. VORLAGEN ZUM GESTALTENDEN SCHREIBEN

SH 57–59

Da die Erfahrung gezeigt hat, dass die Schülerinnen und Schüler einerseits mit Formen wie Innerer Monolog, Tagebuch oder Brief gut zurechtkommen, was die formalen Merkmale der Schreibformen angeht, andererseits aber oft Mühe haben, ihre Texte mit ausreichenden Inhalten zu füllen, werden hier Möglichkeiten angeboten, die notwendigen auf den Informationen des jeweiligen Werkes beruhenden Inhalte für die Aufgaben des Schülerheftes (S. 21, 27 und 36) bereitzustellen.

Damit soll auch dem Missverständnis entgegengewirkt werden, dass es sich bei diesen Schreibformen um kreative Texte handelt, die weniger an das Original gebunden sein müssen.

Voraussetzung für eine erfolgreiche Arbeit mit dieser Trainingsform ist ein frühzeitig erlernter Umgang mit Möglichkeiten den Texten die in Frage kommenden Informationen zu entnehmen, sie übersichtlich anzuordnen und zu strukturieren, zum Beispiel mithilfe von Tabelle, Diagramm, Mindmap.

Die Aufgabenstellungen umfassen eine dreiteilige Hinführung zum Verfassen einer Form des gestaltenden Schreibens, bestehend aus:

- **einem Vortext,** der die zu bearbeitende Situation in einen größeren Handlungszusammenhang stellt,
- **eine (oder mehrere) Textstelle(n),** die den Ausgangspunkt für die Schreibaufgabe angibt,
- **eine Formulierung des Arbeitsauftrages** mit Hinweisen auf die notwendigen Inhalte und die formalen Vorgaben.

Zu allen drei Teilen sind Fragen formuliert, deren Beantwortung auf die Inhalte zielt, die im Schülertext erwartet werden. Diese Inhalte beziehen sich nicht ausschließlich auf die Informationen, die in den drei Teilen der Aufgabenstellung enthalten sind, sondern auf alle für den Arbeitsauftrag relevanten Inhalte der literarischen Vorlage.

Die Aufgaben zum gestaltenden Schreiben im SH (Innerer Monolog, Kommentar, Rollenbiografie) werden im LH durch drei weitere Übungsangebote ergänzt: Dialog, erlebte Rede, Tagebucheintrag (S. 38–41).

XIII. AUFGABEN AUS DER THEATERPÄDAGOGIK

Aufgaben aus der Theaterpädagogik haben sich im Bereich des handlungs- und produktionsorientierten Unterrichtes etabliert. Sie schöpfen aus dem Reservoir des Theaters, das in seinen Kreativ-Möglichkeiten, Texte zu interpretieren, den Deutschunterricht bereichern kann.

Das Spektrum der vermittelten Kompetenzen ist groß:

- Persönlichkeitsbildende Kompetenzen (Ich-Kompetenz: Selbstbewusstsein, Engagement, Identifikation)
- Soziale und kommunikative Kompetenz (Empathie, Kommunikation, Kooperation, Verantwortung, Teamfähigkeit)
- Sach- und Methodenkompetenz (z.B. Analysefähigkeit)
- Ästhetische Kompetenzen (z.B. Rezeptionskompetenz, Entwicklung des sprachlichen Ausdrucks)

So kann man an den beiden hier angebotenen Aufgabenstellungen unschwer erkennen, dass die Lernsituation zahlreiche und unterschiedliche Aspekte umfasst:

- Umgang mit Texten, Textverständnis (Situationen aus dem Roman)
- Sprechhaltung und sprachlicher Ausdruck (Spiel)
- Feedback – Verhalten (Beobachtung/anschließende Reflexion)
- Improvisation (Ausfüllen von Leerstellen/Umsetzen in andere Gattung)
- Konzentration (auf Textvorlage, Umsetzung im Spiel, Reaktion auf Partner)
- Bewusster Einsatz von Körpersprache, Gestik, Mimik und Proxemik
- Zusammenspiel als Paar/Gruppe

Statue

Eine Statue macht Abstraktionen, generelle Haltungen, Themen sichtbar. Sie zeigt als „Skulptur/Denkmal" den Grundgestus und keine bestimmte Perspektive.

Zu dem vorliegenden Roman bieten sich für die Statue unter anderem Themen an, die den Begriffskärtchen der Struktur-Lege-Technik zu entnehmen sind. Eine gute Vorgehensweise ist es, wenn die Lerngruppe in Gruppenarbeit selbst ein Thema für ihre Statue findet, die entsprechende Statue „baut" und die übrige Klasse erraten lässt, um welche Thematik es sich handelt.

Auch hier ist eine nachbereitende Diskussion anzuraten.

Lesetheater SH 23

Die Methode stammt aus dem Umkreis der Lautlese-Verfahren, die das wiederholte Lesen in einen kreativen Kontext einbettet. Dabei werden literarische Texte/Buchausschnitte in einfache Lese-Skripts umgewandelt, in denen die Rede der Figuren und des Erzählers in direkter Rede wiedergegeben werden. Zielsetzung ist, die Schüler einer Gruppe durch das wiederholte Lautlesen und den Austausch über mögliche Verbesserungen des Vortrags für eine abschließende Leseaufführung vorzubereiten.

Passende Textstellen können von der Lehrperson, den Schülern oder gemeinsam ausgesucht werden.

HINWEISE ZU DEN ERGÄNZENDEN UNTERRICHTSMATERIALIEN

Dieser Heftteil enthält das Schülerheft ergänzende Themen und dazugehörende Materialien als Kopiervorlagen.
Zunächst werden diese auf den folgenden Seiten vorgestellt.
Die Materialien sind mit M und ihrer Seitenangabe gekennzeichnet, z. B. **M 19**
Die Materialien folgen auf den Seiten 26–41, die Vorlagen für Klassenarbeiten auf den Seiten 42–50.

I. Gesamtwiederholung M 26–29

1. Inhalt

a. Lückentext (mit und ohne Wörterkasten) **M 26**
Der Lückentext kann zur Überprüfung eingesetzt werden und der Lerngruppe als Wiederholungsgrundlage dienen.

b. Stichwörter zuordnen und ausformulieren **M 28**
Eine zweite, differenziertere Möglichkeit, den Inhalt zu wiederholen, bietet die Zuordnung und Ausformulierung der Stichwortangaben. Sie fordert eine zeitliche und inhaltliche Strukturierung und bietet Trainingsmöglichkeit für Textzusammenfassungen.
Der entstehende Überblick ist im Vergleich mit dem Lückentext eine differenziertere Grundlage zur Wiederholung und erfordert einen größeren Arbeits- und Konzentrationsaufwand.

2. Themenbereiche

a. Struktur-Lege-Technik **M 29**
Auch diese Methode setzt auf Sichtbarmachen/Testen des eigenen Wissens.
Es werden Kärtchen mit Begriffen, die Themenbereiche des Romans betreffen und von der Lehrperson vorbereitet worden sind, als Grundbestandteil eines semantischen Netzwerkes auf die Tische gelegt (Partner- oder Gruppenarbeit).
Die Arbeit beginnt mit einer Sortieraufgabe: Die Kärtchen werden geordnet nach Erklärungen/Beschreibungen, die sofort gegeben werden können, und solchen, für die man sich die Informationen aus seinen Unterlagen heraussuchen muss.
Anschließend werden die Kärtchen in eine Struktur gebracht, die die Themen des Romans transparent macht. Dabei kann jedes Paar/jede Gruppe eine eigene Hierarchie in der Anordnung erarbeiten, d. h. eine Reihenfolge und Zusammenstellung der Begriffe, die der jeweiligen Bedeutungszumessung Rechnung trägt. Zur Verdeutlichung können Erklärungen hinzugeschrieben und Pfeile angebracht werden.
Die Kärtchen werden in der erarbeiteten Struktur auf ein Plakat geklebt, was dann im Plenum erläutert wird. Eine abschließende Diskussion bietet sich an, vor allem wenn aus den unterschiedlichen Strukturen eine Vielfalt von Ansichten zu erkennen ist.
Vorlagen für die Kärtchen befinden sich auf der Seite 29. Diese Vorschläge für die Begriffskärtchen sind eine Grundlage für die individuelle Auswahl durch die Lehrperson.
Es empfiehlt sich, nicht mehr als 10–15 Kärtchen zu nutzen, da sich sonst eine für die Lerngruppe zu komplizierte Struktur ergeben könnte.

b. Jeopardy
Mit dieser Methode wird die Verantwortung für die Bearbeitungsschwerpunkte in die Hände der Schüler gegeben.
In Gruppenarbeit formulieren sie selbst Fragen und Antworten zum Text, schreiben sie auf verschiedenfarbige Kärtchen und tauschen sie mit einer anderen Gruppe aus.
Es geht dann darum, den Antworten bzw. Aussagen die richtigen Fragen zuzuordnen. Eine andere Spielform mit den hergestellten Kärtchen ist das Memory.

c. Zielfindungsmethode
Die Nutzung dieser Methode stellt hohe Anforderungen an die Lerngruppe. Die Aufgabe wird in Gruppenarbeit angeboten.

Zunächst sollen die Schüler in Einzelarbeit acht persönliche Aussagen zum Text einzeln auf acht Zettel schreiben und sich anschließend die drei wichtigsten heraussuchen.
Die restlichen fünf Aussagen werden an den Nachbarn weitergegeben (Uhrzeigersinn). Jeder Schüler hat dann wieder acht Aussagen. Er sucht wieder drei aus und gibt fünf weiter. Die Gruppe muss einmal komplett durch sein. Zum Schluss hat jeder Schüler drei Aussagen. Nach einer Gruppendiskussion werden drei Aussagen gewählt, die im Plenum vorgestellt und begründet werden. An die Präsentation kann sich ein Gespräch im Plenum anschließen.

II. Die Wahrheit über Kim Novak und den Mord an Berra Albertsson

Anleitungen zu den Debattenformen finden sich auf Seite 31 hier im Heft.

III. Kim Novak badete nie im See von Genezareth – ein Kriminalroman?

Oft ist darauf hingewiesen worden, dass der Roman wichtige Merkmale eines Kriminalromans nicht aufweist und seine Hauptaufmerksamkeit auf die Lebensphase der beiden jugendlichen Protagonisten Erik und Edmund richtet, auf die Zeit zwischen Kindheit und Erwachsensein. In diesem Sinne hat sich auch der Autor selbst geäußert. Daher sollten sich auch die Schülerinnen und Schüler mit dieser Frage befassen und ihre eigenen Antworten finden, in die sie ihre Haltung zum für sie wohl eher unbefriedigenden offenen Ende einfließen lassen können.

Die Entscheidungsfindung setzt eine Beschäftigung mit dem Romanganzen voraus und wiederholt so aus einem anderen Blickwinkel Inhalte und Deutungen. Die Aufgabe schließt sich an einen Arbeitsauftrag des Schülerheftes (SH 53) an, der einen ersten Hinweis auf die Problematik des Genres geben soll, ohne schon eine Entscheidung zu fordern. Die Aufgabe des Schülerheftes lenkt den Blick auf die Merkmale des Kriminalromans, die ihn vom Detektivroman wesentlich unterscheiden und auf die in *Kim Novak badete nie im See von Genezareth* einen breiten Raum einnehmende Beschreibung der Gedanken- und Gefühlswelt der jugendlichen Protagonisten. Die Aufgabe im Lehrerheft rundet die Beschäftigung mit der Genrefrage durch die noch fehlenden Informationen über den Kriminalroman ab.

IV. Die Arbeit mit dem Hörbuch M 33

© Brigitte DIE MÄNNER Hörbuch-Edition

Aufgabe 1a. Hörbuchbewertung nach Kriterien

Aufgabe 1b. Lesen und Hören – Erfahrungsvergleich
In einer Zeit, in der die audiovisuellen Medien einen weit größeren Zuspruch bei den Jugendlichen finden als das Buch, ist es erforderlich, sich mit diesen Medien auch im Unterricht zu beschäftigen und den jungen Konsumenten Kriterien an die Hand zu geben, die sie in ihrem Umgang mit diesen Medien leiten können.

Da ein ausgezeichnetes Hörbuch für *Kim Novak badete nie im See von Genezareth* vorliegt, das alle Merkmale einer künstlerischen Sprechgestaltung vorweist, liegt es nahe, eine Aufgabenstellung dazu anzubieten.

Der erste Teil der Aufgabe fordert zur Bewertung der einzelnen Kriterien auf, die den Schülern auf diese Weise auch vermittelt werden.

Der zweite Aufgabenteil spricht die Schülerinnen und Schüler auf ihre Erfahrungen an, die sie mit Lesen, Hören und der Kombination von beiden Rezeptionshandlungen gemacht haben. Es versteht sich von selbst, dass dieses Arbeitsblatt nur dann sinnvoll eingesetzt werden kann, wenn die Textpräsentation des Romans mit allen Formen gearbeitet hat.

Da es schon Untersuchungsergebnisse[1] zu diesem Rezeptionsverhalten und seiner Bewertung gibt, die darauf hinweisen, dass gleichzeitiges Lesen und Hören von den Jugendlichen favorisiert wird, könnte ein Vergleich mit den Ergebnissen vor Ort interessant sein. Auch das Mehrebenenmodell der Lesekompetenz von Rosebrock/Nix[2] weist auf die erfolgreiche Kombination von Lesen und Hörbuch hin und liefert dazu einleuchtende Erläuterungen.

1 Gailberger, Steffen: *Lesen durch Hören. Leseförderung in der Sek. I mit Hörbüchern und neuen Lesestrategien.* Beltz 2011, S. 85
2 Rosebrock, Cornelia/Nix, Daniel: *Grundlagen der Lesedidaktik und der systematischen schulischen Leseförderung.* Schneider Verlag Hohengehren GmbH, 2010, S. 16–20

Aufgabe 2: Zu den Aufgaben eines Regisseurs, der eine Aufführung eines Schauspiels vorbereitet, gehört es, seine Interpretation zu erarbeiten. Dazu streicht er Textstellen heraus, die eine Betonung des seiner Meinung nach wichtigsten Inhaltes verhindern, weil sie zum Beispiel ein unnötiges Detail betreffen. Auch der Zeitfaktor spielt eine Rolle. Diese Methode ist von den Hörbuchherstellern übernommen worden.

V. Der Vergleich mit der Verfilmung M 35

Im Zeitalter der Medien, in dem immer drängender von der Didaktik gefordert wird, den Film als Kulturprodukt – und nicht nur die Verfilmung eines literarischen Werkes – zum Gegenstand des Unterrichtes zu machen, sollte eine Beschäftigung mit der Verfilmung nicht fehlen, falls die Zeitökonomie es zulässt.

Text und Film sind verbunden durch ihre Ziele: eine Geschichte erzählen und Leser/Zuschauer unterhaltend an sich zu binden, was Spaß, Nachdenklichkeit oder Betroffenheit bedeuten kann.

Sieht man die Geschichte als Material, so tragen Literatur und Film ihre eigenen Umsetzungsmöglichkeiten bei. Das Arbeitsblatt hat zum Ziel, einen ersten Einblick zu gewähren in die Ausdrucksmöglichkeiten des Films: Bild, Sprache, Ton, Kulisse. Es bietet Arbeitsaufträge an, die die Aufmerksamkeit der Schülerinnen und Schüler vor allem auf die Einstellungsgrößen und Kameraperspektiven und ihre Deutungen und Wirkungen lenken, inhaltsverändernde Eingriffe im Blick haben und den Zusammenhang herstellen zur nicht beantworteten Zentralfrage: Wer ist der Täter?

© MFA+ Filmdistribution e.K.
Regie: Martin Asphaug
Freigegeben ab 12 Jahren

Beziehbar über
Krapp & Gutknecht Verlag GmbH
Bestell-Nr.: DVDNesserGenezareth

VI. Problemfragen (Trade-a-Problem) M 37

Ziel dieser Methode ist die gemeinsame Problemlösung unter Beteiligung möglichst vieler Schüler.
Der Ablauf gliedert sich in folgende Schritte:

1. Jede Gruppe formuliert (oder erhält) eine Problemfrage zum Themenbereich und schreibt sie auf das Arbeitsblatt. Eine Problemfrage kann auch zwei oder allen Gruppen zugewiesen werden.
2. Dieses Arbeitsblatt wird im Uhrzeigersinn zur nächsten Gruppe weitergegeben, die Lösungsversuche darauf schreibt.
3. Es wird gewechselt, bis das Arbeitsblatt wieder in seiner Ursprungsgruppe ist.
4. Die Gruppe diskutiert die notierten Lösungsversuche und erarbeitet eine Gesamtlösung.
5. Die endgültigen Lösungen werden im Plenum diskutiert. Eine mögliche abschließende Diskussion über die Gesamtproblematik wäre auf diese Weise detailliert vorbereitet. Vorschläge für Problemfragen, die zur vorliegenden Thematik in die Arbeitsblätter eingesetzt werden könnten:
   - Ist die familiäre Situation von Erik und Edmund entscheidend für das SCHRECKLICHE?
   - Entspricht die Reaktion Eriks auf Ewa Kaludis einer für die Zeit der Pubertät normalen Schwärmerei?
   - Spielt die fehlende Mutter eine entscheidende Rolle für Eriks Bindung an Ewa Kaludis?
   - Ist Henry für Erik Vorbild oder Rivale?
   - Welche Rolle spielen die Väter?

VII. Training Gestaltendes Schreiben M 38

Hinweise zum Gestaltenden Schreiben befinden sich bei den „Hinweisen zu den Themenschwerpunkten des Schülerheftes" hier im Lehrerheft auf Seite 21. Vorlagen zum Gestaltenden Schreiben befinden sich im Schülerheft auf den Seiten 57–59.

GESAMTWIEDERHOLUNG INHALT

Lückentext (erste Seite)

➲ Aufgabe: Vervollständige den Lückentext.

Das Geschehen spielt in Schweden. Der 14-jährige __________ ____________________ lebt mit seinem Vater, der als Wärter im Gefängnis arbeitet, allein, seit seine an _____________ erkrankte Mutter im Krankenhaus liegt. Sein acht Jahre älterer Bruder ____________ hat eine eigene Wohnung. Erik spürt die ____________________, die mit dem ____________ der Mutter und dem ____________________ des Vaters, die Situation zu bewältigen, verbunden sind. In dieser schweren Zeit erscheint in der Schule eine Vertretungslehrerin, ____________ _______________, die eine beim Sport verunglückte Kollegin vorübergehend ersetzen soll. Da Ewa Kaludis äußerst _______________ ist – sie wird mit der berühmten Filmschönheit _________ _______________ verglichen – sind alle Jungen ________________, vor allem Erik. Die junge Frau hat die Vertretungsstelle angenommen, weil sie mit der schwedischen Handball-Legende __________ ____________________ verlobt ist, der seit kurzen als Trainer in der Stadt arbeitet. Eriks Klasse hat das _______________, von Ewa Kaludis unterrichtet zu werden. Die junge Frau wird zum ________________________ seiner Gedanken und Gefühle.

Weil durch die Krankheit der Mutter in den ___________________________ keine Reise unternommen werden kann, soll Erik mit seinem Bruder Henry die Zeit im Sommerhaus __________________, das an einem See liegt, verbringen. Um für Erik eine gleichaltrige Gesellschaft zu haben, wird sein Schulkamerad _______________ eingeladen.

Henry, der die _____________________ hat, organisiert das Leben in Genezareth, zieht sich aber aus dem Alltag zurück, um an seinem _______________ zu schreiben. Erik und Edmund, die sich vorher kaum kannten, _______________ sich schnell und unternehmen viele gemeinsame ________________. Unter anderem besuchen sie den Vergnügungspark in der Gegend, wo sie Zeugen eines _______________ werden, in dem Berra Abertsson sich als _______________ Schläger zeigt. Die beiden Jungen ___________________ dieses Verhalten.

Eines Nachts erscheint Ewa Kaludis in Genezareth und es wird klar, dass sie eine _________________ zu Henry hat. In Erinnerung an das gewalttätige Verhalten des Verlobten von Ewa ahnen Erik und Edmund, dass diese neue Situation eine _________________ darstellt. Als Ewa einige Zeit später ____________________________ zum Sommerhaus kommt, sind diese Ahnungen bestätigt. Außerdem erscheint Berra Albertsson, um Henry zu sprechen. Da dieser nicht anwesend ist, kündigt der Handballer dem erschrockenen Erik sein _________________________ für die kommende Nacht an. Es wird für Erik und dem an einer Mandelentzündung erkrankten Edmund eine __________________ Nacht.

GESAMTWIEDERHOLUNG INHALT

Lückentext (zweite Seite)

Am nächsten Morgen wird auf dem Parkplatz nahe des Hauses die Leiche des ________________ Berra Albertsson gefunden. Trotz Spurensicherung und vieler _______________ kann die von Kommissar Lindström geleitete Aufklärung den _______________ nicht ermitteln. Verschweigen und _______________, auch durch Erik und Edmund, behindern die Arbeit der Polizei. Für eine Zeit muss Henry als _______________________________ in Untersuchungshaft, aus der er mangels __________________ wieder entlassen wird.

Für Erik ändert sich das Leben, als die Mutter _______________, der Vater mit ihm in eine andere Stadt zieht. Die Verbindung zu Henry und Edmund ist ____________________. Erik wird erwachsen, studiert, gründet eine Familie und arbeitet als Lehrer. Nach einem ______________________ mit Edmund, der _______________ geworden ist, und mit Ewa Kaludis, die in einem Hotel einen verantwortungsvollen Posten hat, wird die _____________________ wieder lebendig. Erik verlässt seine Familie, um mit Ewa, die er nie _____________________ hat, zusammen zu leben. Kurz vor der _____________________ des Mordes erscheint der pensionierte Kommissar Lindström bei Erik, da ihn die _____________________ Tat nicht zur Ruhe kommen lässt. Das Gespräch mit Erik verläuft ohne das erhoffte _____________________.

Auf dem _____________________ gesteht Edmund seinem Jugendfreund Erik die _____________________. Der Leser erfährt nicht, was gesprochen wird, also auch nicht, wer der _______________ ist. Anschließend an dieses Gespräch unternimmt Erik eine _______________ an den Ort des Geschehens, gräbt dort den ____ aus und versenkt ihn in einem nahe gelegenen _______________. Zurück von seiner Reise in die Vergangenheit antwortet er Ewa auf die _______________, ob er oder Edmund der ______________ sei, aber so _____________________, dass sie ihn nicht verstehen kann. So bleibt auch für den Leser die _____________________.

abgebrochen – Aktionen – attraktiv – Bedrohung – Belastungen – Berra Albertsson – Beweisen – Beziehung Buch – Edmund – Ergebnis – Erik Wassman – erschlagenen – Ewa Kaludis – Fahrt – fasziniert – Fehlen – Frage Genezareth – Glück – Hauptverdächtiger – Henry – Kampfes – Kim Novak – Krebs – Lügen – Mittelpunkt – Mörder Pfarrer – See – Sommerferien – Sterbebett – stirbt – Täter – Täter – unaufgeklärte – undeutlich – unfairer Ungewissheit – unruhige – Unvermögen – Verantwortung – Vergangenheit – vergessen – Verhöre – Verjährung verstehen – verurteilen – Vorschlaghammer – Wahrheit – Wiederkommen – Wiedersehen – zusammengeschlagen

GESAMTWIEDERHOLUNG INHALT

Stichwörter zuordnen und ausformulieren

➲ Aufgabe

a. Notiere die Stichwörter in die entsprechenden Spalten der Tabelle.

b. Schreibe mithilfe der eingeordneten Stichwörter eine Inhaltszusammenfassung.

Teil I	Teil II	Teil III

Belastungen – Berras Erscheinen – Edmund – Edmund/Wahrheit – Entlassung – Erik Wassman/Henry/Vater erschlagener Berra Albertsson – Ewa Kaludis/Faszination – Ewa und Henry – Genezareth – Henry Hauptverdächtiger Krankheit Leben mit Ewa Lügen/Verschweigen Reise nach Genezareth – Sommeraktionen – Spurensicherung – Studium/Beruf/Familie – Tod der Mutter – Umzug – undeutliches Geständnis – unfairer Kampf Ungewissheit – Untersuchungshaft – Verhöre – Verjährung/Lindström – Vorschlaghammer – Wiedersehen: Edmund/Ewa – zusammengeschlagene Ewa

GESAMTWIEDERHOLUNG THEMEN

Begriffskärtchen

Struktur-Lege-Technik

Adler und Taube	Alkohol	Bedrohung	Comic
Distanz	Familie	Fantasie	Freundschaft
Gewalt	Kindheit	Kommunikation	Krebs
Liebe	Lüge	Pubertät	Rätsel
Rivalität	Schweigen	Sexualität	Tod
Träume	Treblinka	Ungeborgenheit	Wahrheit

DIE WAHRHEIT ÜBER KIM NOVAK UND DEN MORD AN BERRA ALBERTSSON

Wie versprochen löste Håkan Nesser mit seinem Folgebändchen *Die Wahrheit über Kim Novak und den Mord an Berra Albertsson* zehn Jahre nach *Kim Novak badete nie im See von Genezareth* das Rätsel um den Mörder auf. In den Jahren bis zum Erscheinen der Auflösung ist der Autor nach eigenen Auskünften[1] mit Briefen, E-Mails und Fragen auf seinen Leseveranstaltungen konfrontiert worden, die auf den Täter zielten. Umfragen haben ergeben, dass 40 % auf Erik, ungefähr ebenso viele auf Edmund tippten. Die restlichen 20 % verteilten sich auf Henry und Ewa zu gleichen Teilen und 2 % auf einen unbekannten Mörder.

Nesser löst das Rätsel mit den letzten beiden Sätzen und weist gleichzeitig auf ein neues hin:

„Es war Erik Wassman.
Zumindest im Buch." [S. 75]

Der zweite Satz des Zitates bezieht sich auf die Information des Schriftstellers, dass sein Roman auf einer authentischen Geschichte beruhe. Zum Schutz der Beteiligten habe er den Täter nicht entlarvt und alle Namen, Orte und auch Zeitpunkte verändert.

Das neue Rätsel lautet also: Wie war es nun wirklich – in der Realität? (S.15)

Neue und unerwartete Informationen ließen bei Nesser Zweifel aufkommen, ob der Buch-Täter mit dem wirklichen Täter identisch sei. Und so entlässt der Autor in seinem Wahrheits-Bändchen den Leser wieder in der „Hoffnung, dass jeder Leser in diesem Büchlein seine eigene Antwort auf diese Frage finden wird." [S.15]

➲ Aufgabe 1

Die folgende Zusammenstellung der neuen Informationen bildet die Grundlage zur Beantwortung der Frage nach dem Mörder im wirklichen Geschehen. Lies sie genau.

Aus einem Brief von Anja Kaludis, Ewas Schwester, an Håkan Nesser:

1. Ewa behauptete, dass sie selbst an dem Mord unschuldig sei.
2. Erik weiß, wer der Mörder ist.
3. Henry behauptet, dass weder Erik noch Edmund die Tat begangen haben.

Ergebnis eines Gespräches zwischen Håkan Nesser und einer gewissen Gertrud Moddis (deren Informationen bezüglich ihres Wahrheitsgehaltes zweifelhaft sind):

Erik war in Ewa Kaludis verliebt, Henry ist sein Bruder. Also war es Eriks Aufgabe, Berra Albertsson zu ermorden. Da er aber die Tat nicht beging, übernahm Edmund die Ausführung für ihn. Erik wusste das und beschließt, nach dem Versenken der Tatwaffe, den Mord aus moralischen Gründen auf sich zu nehmen.
Originalton Gertrud Moddis:
„Er hätte ihn ausführen müssen, also war er derjenige, der ihn ausgeführt hat. Das sind die Schlussfolgerungen, zu denen Edmund gekommen ist." (S. 45)

Håkan Nesser berichtet, dass er aufgrund der neuen Informationen ein letztes Gespräch mit dem, hier Erik Wassman genannten, wirklichen Täter geführt hat. Er informiert Erik über seine erweiterten Kenntnisse und erhält folgende Auskünfte:

1. „Edmund konnte keiner Fliege etwas zu Leide tun." (S. 68–69)
2. Erik kann sich vorstellen, dass Edmund den Mord aus moralischen Gründen auf sich nehmen wollte.
3. Erik kann sich kaum an das Geschehen erinnern, behauptet aber, dass er den Mord begangen habe.
4. Auf Nessers Frage, ob Edmund den Hammer vergraben habe, antwortet er: *„Ungefähr so war es. Ja." (S. 74)*

➲ Aufgabe 2

Bereitet eine Debatte vor, in der die folgenden Fragen diskutiert werden sollen:

- Wie war es wirklich – in der Realität?
- Gab es überhaupt einen authentischen Fall oder sagt der Autor nicht die Wahrheit?

Berücksichtigt in eurer Debatte den Hinweis des Schriftstellers: „Vertraue niemals einem Schriftsteller." (S. 7)

1 Informationen aus: Nesser, Håkan: *Die Wahrheit über Kim Novak und den Mord an Berra Albertsson*, btb Verlag, 2010, S. 13–15

I. DIE ENGLISCHE DEBATTE

Vorbereitung des Debattenspiels:

- Die beiden Parteien bestehen jeweils aus drei Mitgliedern: Hauptsprecher, Sekundant und Schlusssprecher.
- Partei A vertritt ihre Position. Partei B stellt eine Gegenthese auf. Redezeit für die Hauptsprecher: drei Minuten
- Getrennte Vorbereitung: Sammeln von Argumenten für die eigene Position, Bedenken möglicher Gegenargumente, Formulierung der Argumente/Aufzeichnungen nur stichwortartig, Verteilung der Argumente auf die drei Mitglieder
- Die Zuhörer diskutieren beide Positionen und bereiten so ein verstehendes Zuhören vor.

Verlauf der Debattenspiels:

1. Hauptsprecher A trägt seine Argumentation vor. Hauptsprecher B bestreitet die These von A. Dabei darf er schon Argumente des gegnerischen Hauptsprechers aufgreifen. Darauf folgen die Sekundanten mit ihren Beiträgen in der gleichen Reihenfolge.
2. Die Zuhörer greifen ein. Sie müssen für Pro oder Contra Partei ergreifen, dürfen keine weiteren Positionen ins Spiel bringen oder Vermittlungsvorschläge machen. Die Mitglieder der Parteien dürfen sich nicht in die Diskussion einmischen.
3. Die Schlusssprecher beenden die Debatte. Der Schlusssprecher B beginnt. Danach erfolgt eine Abstimmung der Zuhörer für Pro oder Contra.

Ein Spielleiter ist empfehlenswert.

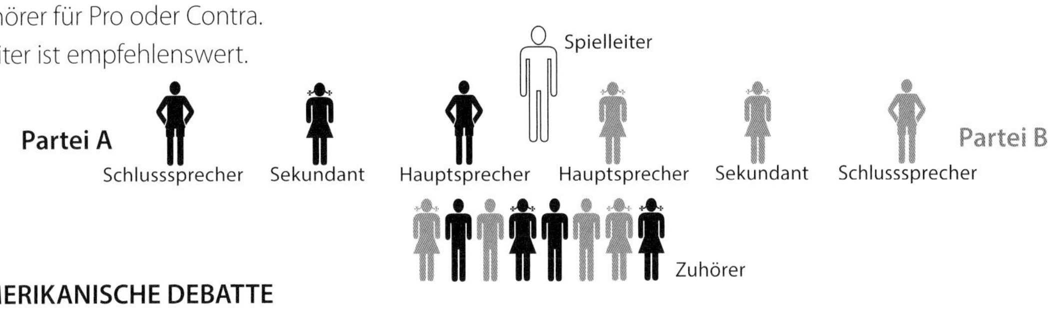

II. DIE AMERIKANISCHE DEBATTE

Vorbereitung des Debattenspiels:

- Die beiden Parteien, die im Streitthema die Pro- und Contra-Position vertreten, haben die gleiche Teilnehmerzahl (mindestens vier, höchstens sechs Teilnehmer).
- Es wird ein Spielleiter bestimmt, der den Verlauf überwacht (Einhaltung der Sprecherreihenfolge und der Reihenfolge der Wortmeldungen in der „offenen" Runde).
- Getrennte Vorbereitung der beiden Parteien (Sammeln von Argumenten für die eigene Position, Bedenken möglicher Gegenargumente, Formulieren (nur stichwortartig), Argumente nach Gewichtigkeit ordnen, Reihenfolge der Sprecher festlegen, Argumente den Teilnehmern zuordnen)
- Die Zuhörer diskutieren in der Vorbereitungsphase separat über das Thema.

Verlauf des Debattenspiels:

Vor Beginn des Spiels stimmen die Zuhörer über die Streitfrage ab. Die Positionen (s. Abb.) werden eingenommen.

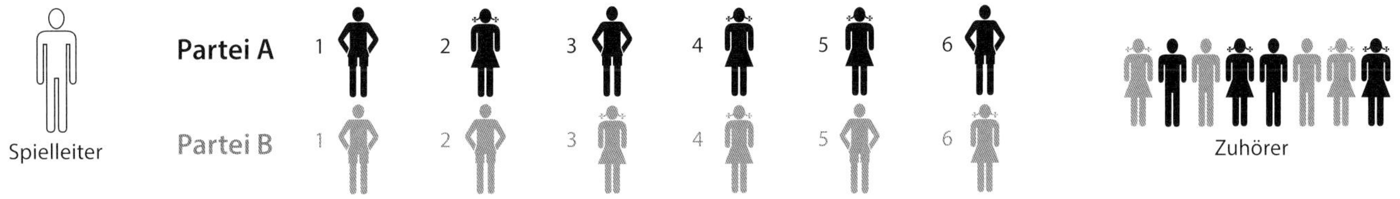

Die Debatte wird in drei Runden durchgeführt. Vorher wird ausgelost, welche Partei beginnt.

1. Runde: Redner 1 trägt sein Argument vor. Redner 1 der Gegenpartei trägt sein Argument vor. Die Redner müssen sich streng an ihre vorbereitete Argumentation halten und dürfen sich noch nicht auf die Argumente der anderen Partei beziehen. In dieser Runde sollen sich als Diskussionsgrundlage die Argumente gegenüberstehen.
2. Runde: Redner 1 der Gegenpartei beginnt. Er bezieht sich jetzt auf die Argumentation des Redners 1 der Gegenpartei und versucht, sie zu entkräften und seinen Standpunkt überzeugend dagegenzusetzen. Das versucht anschließend jeder Redner in der vorgegebenen Reihenfolge.
3. Runde: Dies ist eine „offene" Runde, die nur eine Regel hat: Es müssen sich immer Redner der beiden Parteien abwechseln. Zwei Redner der gleichen Partei dürfen nicht nacheinander sprechen.

Nach den drei Runden stimmen die Zuhörer ein zweites Mal ab.

☞ Eine Anschlusskritik der Durchführung der Debattenspiele kann sich für beide Spielformen als förderlich erweisen.

KIM NOVAK BADETE NIE IM SEE VON GENEZARETH – EIN KRIMINALROMAN?

➲ Aufgabe 1

Lies den Informationstext zum traditionellen Kriminalroman.

***Der traditionelle Kriminalroman*[1]**

Zunächst ist das Problem der Bezeichnungen zu klären.
Unter Kriminalroman versteht man eine Geschichte, in der das Verbrechen im Mittelpunkt steht. Das Verbrechen – in der Regel ein Mord – wird dargestellt und der Leser bekommt einen Einblick in die Motive des Täters.
Ein Detektivroman stellt die Aufklärung des Verbrechens in den Mittelpunkt. Es geht um das Mordrätsel.
Drei Merkmale charakterisieren diesen Romantypus:

1. Die Geschichte beginnt mit dem meist schon geschehenen Verbrechen.
2. Es wird das Vorgehen des Ermittlers (Kommissar/Detektiv) geschildert.
3. Die Geschichte endet mit der Aufklärung des Falles.

Der Ermittler ist ausgestattet mit einem herausragenden Verstand, der ihn befähigt, alle Verbrechen aufzuklären. Täter gehören nie den ermittelnden Institutionen an. Der Leser wird an der Aufklärung beteiligt, er bekommt Hinweise und kann so seine eigenen Schlüsse ziehen. Erzähler und Leser stehen auf der gleichen Ebene. Der Spaß des Lesers, möglichst früh im Geschehen den richtigen Täter gefunden zu haben, ist ein Grund für die große Beliebtheit dieser Romane.
Beide Romantypen setzen voraus, dass die durch das Verbrechen gestörte Ordnung durch die Aufklärung wieder hergestellt werden kann, sodass der Leser sich am Ende des Geschehens beruhigt und sicher fühlen kann.

1 Die Bezeichnung ‚Kriminalroman' wird auch als Oberbegriff benutzt, sodass man vom Kriminalroman im engeren Sinn und vom Kriminalroman im übergreifenden Sinn sprechen kann. Hier wird der Oberbegriff benutzt.

➲ Aufgabe 2

a. Unterstreiche alle Angaben, die nicht auf den Roman von Håkan Nesser zutreffen.

b. Fasse in einem Text zusammen, welche Merkmale im Roman zu finden sind.
Arbeite auch die Merkmale in deinen Text ein, die du in der Aufgabe 1, Seite 53 des Schülerheftes unterstrichen hast.

....

....

....

....

....

....

....

....

c. Entscheide, ob es sich um einen Kriminalroman handelt, und begründe deine Entscheidung.

....

....

....

....

....

DAS HÖRBUCH

Bewertung

➲ Aufgabe 1

a. Beurteile das Hörbuch und trage deine Bewertungen in die entsprechenden Spalten der Tabelle ein.

Textgenauigkeit	Verständlichkeit/ Deutlichkeit	Sinnvoller Einsatz von Betonungen, Pausen, Tempo	Hinweise auf Andeutungen im Text durch Betonung	Zusammenpassen von Sprecherstimme und Romaninhalt

b. Welche Erfahrungen hast du gemacht

- mit dem Lesen
- mit dem Hören
- mit dem gleichzeitigen Lesen und Hören des Romantextes?

Fasse deine Antworten in einem Text zusammen.

DAS HÖRBUCH

Strichfassung

➲ Aufgabe 2

Vergleiche die Strichfassung des Hörbuchs mit dem Originaltext und beantworte dazu die Fragen. (Lies die gesamte Textstelle im Buch nach.)

„Auch wenn es verdammt heiß war, machte es doch Spaß, zu sägen, zu hämmern und zu bauen. ~~Besonders das Hämmern. Wenn man einen Nagel hineinrammte, war es, als bräuchte man nicht mehr an das zu denken, an was man nicht denken wollte.[…], dass es einen verdammten Unterschied zwischen Werken und Werken gab.~~" [S. 130–131]

a. Welche Informationen fehlen in der Strichfassung?

b. Ist es eine deiner Meinung nach gelungene Strichfassung? Begründe deine Antwort.

LITERARISCHES UND FILMISCHES ERZÄHLEN

Buch und Verfilmung

➲ Aufgabe 1

Lies die folgenden Informationen über die Mittel des Films und bearbeite anschließend das Arbeitsblatt.

Der Film hat mit seinen vier Ausdrucksebenen – Sprache, Bild, Ton, Kulisse – andere Mittel, seine Inhalte zu vermitteln, als der Text. Im Mittelpunkt der Filmarbeit steht die Kamera mit ihren Einstellungsgrößen, Perspektiven und Bewegungen. Die Ergebnisse der Kameraarbeit werden unterstützt durch die Handhabung von Sprache, Ton und Kulisse. Die Beleuchtung, die für deutliche oder verschwommene Bilder sorgen kann und für Schatten und Leuchten verantwortlich ist, sowie das Tempo der Bildabfolge von großer Schnelligkeit bis zur Zeitlupe stellen dem Film weitere Mittel zur Verfügung, seine Inhalte auszudrücken. Nicht zu vergessen ist die abschließende Montage, die durch Schnitt und Abfolge-Anordnung die vier Ausdrucksebenen zu einem Ganzen zusammensetzt.

Die folgende Tabelle gibt dir eine Übersicht über zwei ausdrucksstarke Kameramöglichkeiten:

Einstellungsgrößen	Perspektiven
PANORAMA: zeigt einen Gesamtüberblick über Orte des Geschehens	**VOGELPERSPEKTIVE – Sicht von oben:** Die Darsteller wirken kleiner und schwächer.
TOTALE: zeigt Elemente einer Szene, die der Zuschauer kennen muss, um zu verstehen	**FROSCHPERSPEKTIVE – Sicht von unten:** Die Darsteller erscheinen größer und mächtiger.
HALBTOTALE: zeigt die ganze Person oder das vollständige Objekt	**OVER-SHOULDER – Sicht aus der Perspektive der Figur:** Zuschauer sieht, was die Figur sieht
HALBNAH: zeigt die Person von der Brust ab nach oben	**NORMALSICHT:** Unsere Sicht auf Menschen, Dinge und Umwelt
NAH: zeigt die Person ab Schulter nach oben	
GROß: zeigt das Gesicht	
DETAIL: zeigt entscheidende Einzelheiten	
Je kleiner der Bildausschnitt ist, desto größer ist die Nähe zum Zuschauer und die Betonung der Wichtigkeit der Situation, der Person, des Objektes.	

LITERARISCHES UND FILMISCHES ERZÄHLEN

Arbeitsblatt

➲ Aufgabe 1

a. Die Geschichte wird im Roman in der Rückblende durch den Ich-Erzähler vermittelt. Wie löst die Verfilmung dieses Problem?

....

....

b. Was leistet die Montage-Technik für die Vermittlung der Geschichte?

....

....

....

➲ Aufgabe 2

a. Wie verdeutlicht die Verfilmung den Eindruck des *„Spitzensommers"*?

....

....

b. Wie veranschaulicht die Verfilmung die Fantasieabenteuer der Jungen während ihrer Bootsfahrten?

....

....

c. Wie stellt die Verfilmung Eriks Reaktion auf Ewa in verschiedenen Situationen dar?

Faszination und Bewunderung ....

Entsetzen beim Anblick von Ewa und Berra Albertsson ....

➲ Aufgabe 3

a. Erik und Edmund werden häufig in HALBNAH und NAH gezeigt. Was soll dadurch verdeutlicht werden?

....

....

b. Warum wird für die Gespräche zwischen Erik und Albertsson und Erik/Edmund und Lundberg die VOGELPESPEKTIVE (von den Jungen aus gesehen) benutzt?

....

c. Welche Funktion haben die PANORAMA-Aufnahmen?

....

➲ Aufgabe 4

Die Verfilmung folgt nicht in allen Inhalten der Vorgabe des Romans.

a. So sagt Erik über Menschen, die Gewalt gegenüber Schwächeren ausüben: *„Solche Menschen sind überflüssig."* Könnte dieser Satz eine Rolle spielen für die Aussage der Verfilmung über den Täter? Begründe deine Antwort.

....

....

b. Nicht dem erwachsenen Erik stellt Ewa die Frage nach dem Täter, sondern dem jungen. Beschreibe die Wirkung, die Eriks Reaktion auf diese Frage auf dich hat.

....

....

....

➲ Aufgabe 5

Entspricht die Darstellung von Erik und Edmund in der Verfilmung deinen Vorstellungen, die beim Lesen des Buches entstanden sind? Begründe deine Antwort.

....

....

....

➲ Aufgabe 6

Bleibst du bei deiner Vermutung, wer der Täter sein könnte, nachdem du die Verfilmung gesehen hast? Begründe deine Antwort.

....

....

....

....

TRADE-A-PROBLEM (PROBLEMFRAGEN)

THEMA/PROBLEMSTELLUNG

....

....

ANTWORT GRUPPE I:	ANTWORT GRUPPE II:
ANTWORT GRUPPE III:	ANTWORT GRUPPE IV:

OPTIMALE PROBLEMLÖSUNG:

TRAINING GESTALTENDES SCHREIBEN

Dialog

Ein Dialog ist ein Gespräch zwischen zwei Figuren aus einem Text, der dort nicht stattfindet, aber für die Erschließung der Handlung/der Textaussage wichtig wäre. Er entsteht an einer bestimmten Stelle des Textes, um Emotionen und/oder Handlungsweisen zu ergründen, hervorzuheben bzw. zu erläutern und Schlussfolgerungen einer Figur ziehen zu lassen.

Vortext	Durch die Zuwendung, das Verständnis und die Offenheit Ewas im Gespräch und die Nähe zu ihr bei der Entspannungsmassage fühlt sich Erik aufgehoben und auch sexuell angezogen. Er ist dadurch so aufgewühlt, dass er mit den Tränen kämpfen muss. Einen Augenblick hat er eine Vorstellung davon, wie Henry sich fühlen könnte.
Textauszug	„Ich spürte, dass ich wieder kurz vorm Weinen war, aber diesmal kamen keine Tränen. Nur ein schönes, leicht vibrierendes Gefühl ganz im Inneren des Kopfs, hinter den Augenhöhlen." [S. 158]
Aufgabenstellung	Im Text erfährt man, wie Erik die Situation erlebt. Er sehnt sich nach Geborgenheit und es ist vorstellbar, dass er in diesem entspannten Augenblick bereit sein könnte, mit Ewa über seine familiären Probleme, sein Alleinsein ohne die fürsorgliche und verständnisvolle Mutter zu sprechen. Schreibe dazu einen **Dialog.**

Was entnehme ich dem Vortext?	• Gespräch mit Ewa •	• Wie verhält sich Ewa? •
Welche Informationen enthält der Textauszug?	• den Tränen nahe •	• Warum spürt Erik, dass er den Tränen nahe ist? •
Was verlangt die Aufgabenstellung?	• Erik beginnt Gespräch •	• Wie beginnt Erik das Gespräch? •

Für deine Stoffsammlung zu diesem Dialog benötigst du nicht nur inhaltliche Ansatzpunkte, sondern du musst dir auch über die Situation der Gesprächspartner Klarheit verschaffen.

Hilfreich für das Schreiben des Dialogs könnte das Ausfüllen des folgenden Übersichtsschemas sein.

Gesprächsanlass:	
Gesprächssituation (auch Gefühlslage der Gesprächspartner): •	
Erik: •	**Ewa:** •
Gesprächsinhalte: •	
Gesprächsverlauf: •	
Gesprächsziel: •	

Form
- dramatische Textgestaltung
- Aufbau: Anlass – Diskussion – Ergebnis
- Regieanweisungen in Klammern: Art des Sprechens, Gestik, Mimik, begleitende Handlungen

Sprache
- der Sprache der Figuren entsprechend
- direkte Rede
- Vorherrschende Tempusform: Präsens – Erinnerungen: Präteritum/Perfekt

Inhalt
- Gespräch/Gedankenaustausch
- Handlungsbezug (auf konkrete Ereignisse eingehen/Ereignisse rekapitulieren)
- Aufgreifen und Erweitern von Aussagen des Gesprächspartners (Reaktionen, Rückgriffe, Einwürfe)
- Charaktere, Einstellungen der Figuren verdeutlichen
- Verständnis/Unverständnis zeigen

Einzubeziehen
- Situation, in der das Gespräch stattfindet
- Begleitumstände dieser Situation
- Gedanken beider Gesprächspartner in der Situation
- vergangenes und künftiges Geschehen
- Bezüge zu weiteren Personen

Du kannst so beginnen:

Erik	spricht leise, wirkt schüchtern	*Du, Ewa.*
Ewa	spricht leise, wirkt verständnisvoll, mitfühlend	*Erik, du kannst über alles mit mir reden.*
Erik	mit etwas lauterer Stimme, wirkt entschlossener	*Es ist nicht so gut bei mir zu Hause, das weißt du ja.*

TRAINING GESTALTENDES SCHREIBEN

Erlebte Rede

In der erlebten Rede werden die inneren Vorgänge einer Figur wiedergegeben. Die Gedanken und Gefühle der Figur werden von dem Erzähler/Schreiber dargestellt. Daher steht die erlebte Rede in der Er-Form. Aber die Perspektive der Figur wird beibehalten und vom Erzähler/Schreiber übernommen. Im Vergleich mit dem inneren Monolog ist eine gewisse Distanz zur Figur vorhanden.

Vortext	Nach dem Gespräch mit Edmund an dessen Sterbebett, in dem eine Wahrheit ausgesprochen worden ist, unternimmt Erik eine Reise in die Vergangenheit, an den Ort des Geschehens, wo er die Mordwaffe ausgräbt und sie in einem See versenkt. Auf der Rückfahrt beschließt er, die Geschichte des Sommers in Genezareth aufzuschreiben, da er erkennt, dass er und auch andere Menschen im Mittelpunkt des Mordes an Berra Albertsson standen. Er will schreiben, um *„eine Art von Ordnung hineinzubringen."*
Textauszug	„Wenn es stimmt, was ich irgendwo gelesen habe, dass jeder Mensch eine Geschichte in sich trägt, dann muss doch eigentlich der Mord an Berra Albertsson genau meine Geschichte sein. Und genau genommen nicht nur meine." [S. 281]
Aufgabenstellung	Bevor Erik beschließt, seine Geschichte zu schreiben, überlässt er sich auf der Rückfahrt seinen Gedanken, die seine Erinnerungen und das Gefühl der Vollendung hervorrufen. In einer erlebten Rede kann man diese Erinnerungen und Gedanken gut vermitteln. Schreibe diese **erlebte Rede.**

Was entnehme ich dem Vortext?	• Gespräch mit Edmund am Sterbebett •	• Was löst dieses Gespräch in Erik aus? •
Welche Informationen enthält der Textauszug?	• Jeder Mensch trägt eine Geschichte in sich. •	• Was gehört alles zu dieser Geschichte Eriks? •
Was verlangt die Aufgabenstellung?	• Gedanken und Erinnerungen an die Zeit in Genezareth	• Gibt es gute und quälende Erinnerungen? •

Die Inhalte für die erlebte Rede kannst du in einer ausführlichen Stichwortliste festhalten.

Eriks Geschichte	**Nicht nur Eriks Geschichte**
• am Geschehen beteiligt •	• Edmund am Geschehen beteiligt •

Informationen zur erlebten Rede

Form	**Sprache**	**Inhalte**
• Er-Form	• vollständige Sätze • Präteritum • Fragen • rhetorische Fragen • Interjektionen • unterschiedliche Satzzeichen	• Gedanken der Figur (Vorstellungen, Erinnerungen, Meinungen, Reaktionen) • Gefühle der Figur • Einfügen von Kommentaren des Erzählers/Schreibers • Einfügen wörtlicher Rede der Figuren (ohne Anführungszeichen)

Du kannst so beginnen:

Er fuhr langsam durch die Landschaft, wollte noch ein letztes Mal einen Blick auf die Orte werfen, die er in jenem Sommer besucht hatte. Was für unterschiedliche Erinnerungen ...

TRAINING GESTALTENDES SCHREIBEN

Tagebucheintrag

Ein Tagebucheintrag ist eine sehr persönliche Form des Schreibens, an der man eigentlich niemanden teilhaben lassen möchte. In ihm werden Erinnerungen mit der Gegenwart verknüpft und momentane Gefühlslagen festgehalten.

Außerdem kann man in ihm Fragen stellen und selbst beantworten oder auch unbeantwortet lassen. Es können in ihm auch Selbstzweifel niedergeschrieben werden, denen man sich eventuell erst lange nach bestimmten Ereignissen bewusst wird. Zudem kann man im Tagebucheintrag uneingeschränkt ehrlich zu sich selbst und anderen agieren, ohne die Verletzung anderer fürchten zu müssen.
Gedanken werden in der Reihenfolge niedergeschrieben, in der sie in den Sinn kommen. Dennoch muss ein „roter Faden" erkennbar sein. Dieser ergibt sich aus der Aufgabenstellung und der Textstelle.

Vortext	Erik und Edmund fahren zurück nach Genezareth, nachdem sie im Lackapark den Vergnügungen der Erwachsenen zugesehen, Ewa Kaludis begrüßt und einen unfairen Kampf zwischen Berra Albertsson und einem Mann namens Mulle mit angesehen haben. Beide Jungen sind sich einig darüber, wie verwerflich es ist, wenn Menschen wie Berra auf Schwächere einschlagen.
Textauszug	„Ich erinnere mich noch daran, dass ich still vor mich hinweinte, während wir durch die laue Juninacht dahinradelten." [S. 102]
Aufgabenstellung	Zu Hause angekommen ist Erik noch immer aufgewühlt und wird die Bilder von dem ungleichen Kampf und dem Schläger Berra Albertsson nicht los. Um das Erlebnis zu verarbeiten, schreibt er sich in einem Tagebucheintrag seine Gedanken und Gefühle von der Seele. Schreibe diesen **Tagebucheintrag.**

Was entnehme ich dem Vortext?	• Rückfahrt vom Lackapark •	• Wie fühlen sich die Jungen auf der Rückfahrt? •
Welche Informationen enthält der Textauszug?	• laue Juninacht •	• Wie kann man sich eine laue Juninacht vorstellen? •
Was verlangt die Aufgabenstellung?	• Beschreibung des Kampfes •	• Wie verhielten sich die Gegner? •

Eine Möglichkeit, den Inhalt für den Tagebucheintrag detailliert zusammenzustellen, ist eine **Mindmap,** die du mithilfe der drei Elemente der Aufgabenstellung und deinem Textwissen erarbeiten kannst.

Auf folgende Merkmale eines Tagebucheintrages musst du achten:

Form	Sprache	Inhalte
• Ich-Form • Datum • mit oder ohne Anrede • an keine Person gerichtet (Selbstgespräch)	• Schreibstil: schildernde Elemente • Fragen • Ellipsen/unvollständige Sätze • Gedankensprünge • Einwortsätze • Interjektionen • verschiedene Satzzeichen • vorherrschende Tempusform: Präsens – bei Erinnerungen: Perfekt/Präteritum	• persönliche Gefühle und Empfindungen • Erlebnisse (aufschreiben, hinterfragen, verarbeiten)

Du könntest so beginnen:

Hallo Tagebuch, im Lackapark haben wir einen Kampf zwischen Berra Albertsson und einem tätowierten Mann namens Mulle gesehen, der fies und unfair war.

GESTALTENDES SCHREIBEN

Schwierigkeitsgrad I

Innerer Monolog

„Zwei Stunden später sah ich die Tüte in einem schwarzen, schlammigen Waldsee in Skaratrakt versinken. Die Sonne wollte untergehen, die Mücken surrten mir um den Kopf, aber ich blieb trotzdem noch lange Zeit dort stehen und versuchte, das Loch im Auge zu behalten, wo der Vorschlaghammer durch die Wasseroberfläche gedrungen war.
Als das auf Grund der einsetzenden Dunkelheit nicht mehr möglich war, zuckte ich mit den Schultern und fuhr zurück nach Göteborg.“ [S. 286]

➲ Aufgabe 1

Ordne diese Textstelle in den Gesamtzusammenhang des Romans ein.

....

....

....

....

➲ Aufgabe 2

Erkläre, warum es logisch erscheint, dass der Roman in drei Teile gegliedert ist.

....

....

....

....

➲ Aufgabe 3

a. Bestimme die Erzählperspektive.

....

b. Belege dein Ergebnis mit einer Textstelle.

....

....

....

➲ Aufgabe 4

Der Erzähler ist dafür verantwortlich, dass dieser Roman in einem wesentlichen Punkt die Erwartungen der Leser nicht erfüllt.

a. Um welchen Punkt handelt es sich?

....

b. Wie erreicht der Erzähler dieses Ziel?

....

....

....

....

➲ Aufgabe 5

Sprache

a. Nenne die drei Zeitformen im Indikativ, die im Roman verwendet werden und erläutere ihre Funktion.

..................................: ....

....

..................................: ....

....

..................................: ....

....

b. Nenne zwei sprachliche Gestaltungsmittel, die für die Knappheit der Sprache eine wesentliche Rolle spielen und füge jeweils eine passende Textstelle hinzu.

....

Textstelle: ....

....

....

Textstelle: ....

....

➲ Aufgabe 6

Sieh dir noch einmal das Zitat zu Aufgabe 1 an. Welcher Ausdruck passt deiner Meinung nach am besten zu dieser Situation? Du kannst auch einen eigenen Ausdruck wählen. Begründe deine Entscheidung.

befreiend – nachdenklich – gleichgültig – schwermütig

....

....

....

....

➲ Aufgabe 7

Die Situation, als der erwachsene Erik den Vorschlaghammer im See versenkt, wird beschrieben, ohne dass man etwas über die Gedanken und Gefühle des Mannes erfährt. Da er längere Zeit das Versinken beobachtet, liegt die Vorstellung nahe, dass ihm Vieles durch den Kopf geht. Verfasse dazu einen Inneren Monolog, der die Situation des jungen Erik im Sommer des SCHRECKLICHEN, die Erlebnisse und Geschehnisse in Genezareth und seine Beziehung zu Ewa und Edmund berücksichtigt.

Denke an die Merkmale des Inneren Monologs.

GESTALTENDES SCHREIBEN

Schwierigkeitsgrad II

Erlebte Rede

„Zwei Stunden später sah ich die Tüte in einem schwarzen, schlammigen Waldsee in Skaratrakt versinken. Die Sonne wollte untergehen, die Mücken surrten mir um den Kopf, aber ich blieb trotzdem noch lange Zeit dort stehen und versuchte, das Loch im Auge zu behalten, wo der Vorschlaghammer durch die Wasseroberfläche gedrungen war.
Als das auf Grund der einsetzenden Dunkelheit nicht mehr möglich war, zuckte ich mit den Schultern und fuhr zurück nach Göteborg." [S. 286]

➲ Aufgabe 1

Ordne diese Textstelle in den Gesamtzusammenhang des Romans ein und berücksichtige bei deinen Ausführungen nicht nur den inhaltlichen Bereich, sondern auch den Aufbau des Romans.

....

....

....

....

....

....

➲ Aufgabe 2

Erläutere die Rolle, die der Ich-Erzähler für die Informationsvermittlung über das Geschehen an den Leser spielt.

....

....

....

....

....

➲ Aufgabe 3

a. Wie gelingt es, deutlich zu machen, dass das Geschehen aus der Vergangenheit erzählt wird und auf in der Vergangenheit abgeschlossene Handlungen und auf die Gegenwart hingewiesen wird? Fasse deine Ergebnisse in einem Text zusammen und füge Textbelege hinzu.

....

....

....

....

....

....

....

....

....

....

b. Nenne drei häufig vorkommende sprachliche Gestaltungsmittel und erläutere ihre Funktion.

....

Funktion: ....

....

....

Funktion: ....

....

....

Funktion: ....

....

➲ Aufgabe 4

Erläutere den Zusammenhang zwischen der Romanhandlung, Henrys Buch und Eriks Comic.

....

....

....

....

➲ Aufgabe 5

Als der erwachsene Erik den Vorschlaghammer im See versenkt, bleibt er eine ganze Weile beobachtend dort stehen. Was ihm dabei durch den Kopf geht, wird nicht beschrieben. Übernimm die Rolle des Co-Autors und vermittle dem Leser die Gedanken und Gefühle der Figur in dieser Situation mithilfe einer erlebten Rede.

Berücksichtige die Merkmale der erlebten Rede.

INTERPRETIERENDES SCHREIBEN

Schwierigkeitsgrad I

„»Du bist eine Taube, Erik«, konnte sie einfach so sagen und mich dabei mit ihren sanften, wässrigen Augen ansehen. »Henry ist der Adler, er kommt immer klar. Aber auf dich müssen wir aufpassen, und auch du selbst musst vorsichtig sein.«" [S. 136]

➲ Aufgabe 1

Ordne diese Textstelle in den Gesamtzusammenhang des Romans ein.

....

....

....

....

➲ Aufgabe 2

Erläutere den Aufbau des Romans und die Funktion der einzelnen Teile.

....

....

....

....

➲ Aufgabe 3

Welche Merkmale in *Kim Novak badete nie im See von Genezareth* sprechen für die Bezeichnung ‚Kriminalroman'? Liste deine Ergebnisse stichwortartig auf.

....

....

....

➲ Aufgabe 4

Welche Funktion haben die vielen Beschreibungen der Gedanken und Gefühle des Ich-Erzählers?

....

....

....

➲ Aufgabe 5

a. Bestimme die sprachlichen Gestaltungsmittel der unterstrichenen Textstellen und erläutere ihre Funktion für den Sprachstil des Romans.

„Er war nicht so gut mit Papier und Bleistift, der Benny Barkman. Absolut nicht." [S. 16]

....

„Schleppten alle Matratzen, Kissen und Decken auf den Rasen hinaus, damit der Sonnenschein die Winterfeuchtigkeit aufsaugen konnte." [S. 36]

....

Funktion: ....

....

b. Welches weitere sprachliche Gestaltungsmittel ist häufig vorhanden? Belege deine Antwort mit einer Seitenangabe.

....

Seitenangabe: ....

➲ Aufgabe 6

Notiere die folgenden Ausdrücke in die entsprechende Spalte der Tabelle.

mutig – sensibel – wahrheitsliebend – realistisch – nachdenklich – verschwiegen

Erik	**Henry**
•	•

➲ Aufgabe 7

Im Zitat zu Aufgabe 1 gibt die Mutter durch die Zuordnung von Tiersymbolen eine Charakterisierung ihrer Söhne ab. Weise die Richtigkeit dieser Einschätzung nach. Berücksichtige dabei die Symbolbedeutung der Tiere, den Handlungszusammenhang und das Verhalten von Erik und Henry.

Belege deine Ausführungen mit passenden Textstellen.

INTERPRETIERENDES SCHREIBEN

Schwierigkeitsgrad II

„Da ging ein Engel durch die Zementröhre. Er war ganz deutlich zu spüren, und ich weiß, dass auch Benny ihn fühlte, denn er räusperte sich und wiederholte sein Angebot mit feierlicher Stimme.“ [S. 16]

➲ Aufgabe 1

Ordne diese Textstelle in den Gesamtzusammenhang des Romans ein und erkläre, warum Erik hier von einem *„Engel“* spricht.

....

....

....

....

....

....

➲ Aufgabe 2

Erläutere den Zusammenhang der Aufgliederung des Romans in drei Teile mit dem erzählten Geschehen.

....

....

....

....

....

➲ Aufgabe 3

Ist die Zuordnung von *Kim Novak badete nie im See von Genezareth* zu den Kriminalromanen richtig?
Begründe deine Antwort.

....

....

....

....

....

Aufgabe 4

Nenne drei häufig vorkommende sprachliche Gestaltungsmittel und beschreibe ihre Funktion.

....

Funktion: ....

....

....

Funktion: ....

....

....

Funktion: ....

....

Aufgabe 5

Im Text heißt es:

„[...], sie hatte so etwas wie einen Schein um sich herum – als wäre sie ein Engel oder mit einer dieser selbstleuchtenden Farben bemalt, [...].“ [S. 97]

Welche Bedeutung hat das Bild vom *„Engel“* in dieser Textstelle?

....

....

....

Aufgabe 6

Die Verwendung des Bildes *„Engel“* weist auf eine wesentliche Textaussage hin, die Eriks familiäre Situation und ihre Folgen für sein Leben, seine Gedanken- und Gefühlswelt mit dem Geschehen verbindet. Stelle diesen Zusammenhang dar.

Belege deine Ausführungen mit passenden Textstellen.

THEMENVORSCHLÄGE FÜR KLASSENARBEITEN/TESTS

„Krebs-Treblinka-Liebe-Bumsen-Tod.
Und Edmunds Vater." [S. 130]

➲ Stelle die Bedeutung dieser *„Pflasterworte"* für den Handlungszusammenhang des Romans dar. Belege deine Ausführungen mit passenden Textstellen.

„»Das wird ein schwerer Sommer«, sagte mein Vater." [S. 10]

➲ Erläutere, worauf der Vater mit seiner Äußerung hinweisen will und wie sich diese Voraussage im Handlungsverlauf auch in einem ganz anderen Zusammenhang als richtig erweist. Belege deine Ausführungen mit passenden Textstellen.

„Man konnte miteinander reden oder auch nicht reden, so einfach war das." [S. 69–70]

➲ Weise nach, dass diese Ansicht Eriks über Edmund richtig ist. Berücksichtige dabei den Umgang der beiden Jungen miteinander im Sommer in Genezareth und im weiteren Handlungsverlauf. Belege deine Ausführungen mit passenden Textstellen.

„»Das war unfair«, sagte ich. »Verflucht unfair. Man schlägt keinen, der schon am Boden liegt.«[...]
Ich erinnere mich noch daran, dass ich still vor mich hinweinte, während wir durch die laue Juninacht dahinradelten." [S. 102]

➲ Welche Rolle spielt diese Erkenntnis für das Verhalten von Erik und Edmund im weiteren Handlungsverlauf? Berücksichtige in deinen Ausführungen auch die Erzählungen Edmunds von seinem Vater und die Misshandlung Ewas durch Berra Albertsson. Belege deine Ausführungen mit passenden Textstellen.

„Wie ich ohne Ewa Kaludis leben sollte, war hingegen eine Frage, die sofort und ohne Wenn und Aber in den Abgrund führte." [S. 63]

➲ Erläutere diese Aussage Eriks. Berücksichtige dabei die familiäre Situation, in der Erik lebt, und die Zeit des Übergangs von der Kindheit zum Erwachsenwerden, in der sich der Junge befindet. Belege deine Ausführungen mit passenden Textstellen.

„Aber meistens – vor allem, wenn ich richtig in Fahrt gekommen war – war es mit das Sinnvollste, was ich während meiner ganzen Jugend getan habe. Zumindest hatte ich das Gefühl, vielleicht weil das Comiczeichnen eine der wenigen Beschäftigungen war, bei denen es mir gelang, den ganzen Mist zu vergessen, den es auf der Welt gab." [S. 47]

➲ Beschreibe, was Erik vergessen will und erkläre, warum ihm das Comiczeichnen dabei eine Hilfe ist. Belege deine Ausführungen mit passenden Textstellen.

„Ich dachte an das, was er Anfang Juni gesagt hatte.
Das Leben sollte wie ein Schmetterling an einem Sommertag sein." [S. 250–251]

➲ Stelle die Unterschiede zwischen Erik und Henry dar und erläutere die Rolle, die Henry für seinen jüngeren Bruder spielt. Belege deine Ausführungen mit passenden Textstellen.

Kriminalroman oder Roman über die Zeit zwischen Kindheit und Erwachsensein?

➲ Nimm Stellung zu dieser Frage. Belege deine Ausführungen mit passenden Textstellen.

Wer ist der Täter?

➲ Stelle deine Vermutungen und die Gründe für deinen Verdacht dar. Belege deine Ausführungen mit passenden Textstellen.

Håkan Nesser hat einmal darauf hingewiesen, dass es für ihn gar nicht so wichtig sei zu wissen, wer der Mörder ist. Für ihn gehe es vor allem um das Erwachsenwerden der beiden Jungen.

➲ Nimm Stellung zu dieser Ansicht.

☞ Aufgaben, die eine individuelle Lösung haben, werden nicht aufgeführt.

INHALTSSICHERUNG

Kapitelübersicht und Inhaltzusammenfassung SH 4–15

Kapitel 1 (S. 9–22) SH 4–6

Im weiteren Verlauf des Abends besucht Erik Wassman seinen Freund Benny und unterhält sich mit dessen Mutter und später mit Benny über die Krankheit seiner Mutter, die in der Klinik liegt.

Anschließend ziehen sich Erik und Benny in die Zementhöhle zurück, die ihnen als geheimer Treffpunkt dient, von dem aus sie ihre Unternehmungen planen, in dem sie rauchen und diskutieren. Benny bietet Erik an, ihm beizustehen, wenn ein Rat nötig ist.

Kapitel 2 (S. 23–33)

Vorsichtig nimmt er in der Schule einen ersten Kontakt mit Edmund auf.

Der Schulalltag erfährt eine sensationelle Ablenkung, als die äußerst attraktive Vertretungslehrerin Ewa Kaludis mit ihrem Moped in einer Pause auf den Schulhof fährt. Ihr Erscheinen löst bei den Schülern erregte Begeisterung aus. Ewa Kaludis ist die Verlobte des erfolgreichen Handballstars Berra Albertsson, der im Ort eine Stelle als Spielertrainer angenommen hat.

Kapitel 3 (S. 34–47)

Sie beschäftigen sich mit Edmunds Modelleisenbahn und verbringen Zeit in der Zementröhre.

In der Schule scharen sich Lehrer wie Schüler um die anziehende Ewa Kaludis. Eriks Klasse hat das Glück, die junge Frau im Unterricht zu erleben. Die Schüler arbeiten wie von selbst und genießen Ewas Nähe.

Kapitel 4 (S. 48–61)

~~*Erik beschäftigt sich bei seinen Besuchen in Henrys Wohnung mit den Mappen, in die sein Bruder alle seine Artikel eingeklebt hat z. B. Texte über Verhandlungen des Gemeinderates, Motorradrennen, Kalbsmissgeburten.*~~ Die Brüder unterhalten sich über Henrys berufliche Pläne und die Trennung von Emmy. Henry arbeitet nicht mehr für den Kurren, sondern will ein Buch über das Leben schreiben. Er bittet Erik, seine Trennung von Emmy zu verschweigen, damit die Eltern sich keine Sorgen wegen des Aufenthaltes in Genezareth machen.

Erik erhält von Edmunds Eltern eine Einladung zum Essen und anschließendem Kinobesuch. Während des Essens verhält sich Edmunds Mutter merkwürdig. Erik erfährt später von ihrer Alkoholsucht und den Belastungen, die dadurch in der Familie entstanden sind. ~~*Zum Abschluss des gemeinsamen Tages führt Erik Edmund den Trick am Kaugummiautomaten vor. Die Jungen beschließen, in den Ferien den Automaten leer zu räumen.*~~

Henry hält Kanonen-Berra, den er für den Kurren interviewt hat, für ein *„Arschloch“*. Das notiert sich Erik auf einen Zettel, den er in seinem Comic versteckt. Später findet er diesen Zettel nicht wieder.

Kapitel 5 (S. 62–75)

Erik denkt an den bevorstehenden Abschied von der Volksschule und die Veränderungen, die damit verbunden sind, wobei ihm nur die Trennung von Ewa Kaludis als unerträglich erscheint.

Kapitel 6 (S. 76–88)

Erik und Edmund erkunden zu Wasser und zu Land die Umgebung. In der Nähe von Genezareth befinden sich das Lundin-Haus mit seinen zwielichtigen Bewohnern und das Lewihaus eines alten jüdischen Ehepaares.

Kapitel 7 (S. 89–102) SH 6–10

Das Leben in Genezareth besteht aus Unternehmungen, Zeiten des Gesprächs und Zeiten des Schweigens. Erik und Edmund sprechen über das Leben und über ihre Mütter.

Kapitel 8 (S. 103–113)

Erik und Edmund wollen den Plan, den Kaugummiautomaten leer zu räumen, in die Tat umsetzen. Die Aktion kann nicht durchgeführt werden, da der Automat außer Betrieb ist, was Erik ungemein wütend werden lässt.

Kapitel 9 (S. 114–124)

Auf dieser Rückfahrt erzählt Edmund von seinem leiblichen Vater, der getrunken und Frau und Kind geprügelt hat, was auch dazu beigetragen hat, dass die Mutter zur Alkoholikerin geworden ist.

Kapitel 10 (S. 125–135)

Die Arbeit am Steg lenkt von den belastenden Themen ab. Als die beiden Jungen ihren Steg in der späten Sonne einweihen, erscheint Ewa Kaludis auf ihrem Moped, was darauf hindeutet, dass sie Henrys neues Mädchen ist.

Kapitel 11 (S. 136–147)

Anschließend nehmen die Jungen – weit entfernt voneinander – ein Bad im See. Erik spürt, dass mit ihnen etwas geschehen ist, was er aber nicht genau beschreiben kann.

Kapitel 12 (S. 148–159)

Es kommt ihm so vor, als hätten sie beide Blutsbrüderschaft geschlossen.
Er spürt, dass sich die Situation verändert hat.

Kapitel 13 (S. 160–172)

Edmund ist von diesem Gespräch geweckt worden und wird von Erik darüber informiert, was gesprochen worden ist. Abends setzt Regen ein, die beiden Jungen gehen früh schlafen. Als Erik kurz nach zwölf Uhr erwacht, nimmt er wahr, wie Henry das Tonband anstellt, und glaubt, ihn mit jemandem sprechen zu hören. Edmunds Bett ist leer.

Kapitel 14 (S. 175–179)

Auf seinem morgendlichen Trainingsweg durch den Wald kommt der Nachwuchsrennradfahrer Lasse Schiefmaul auf den Parkplatz, den sich die Lundins mit den Wassmans teilen. Dort stehen ein VW und ein Volvo, neben dem ein Toter auf dem Boden liegt. Lasse informiert aufgeregt Henry, Erik und Edmund über den Leichenfund, die ihm zum Parkplatz folgen und die Identifizierung übernehmen: Es handelt sich um Berra Albertsson.

Kapitel 15 (S. 180–190)

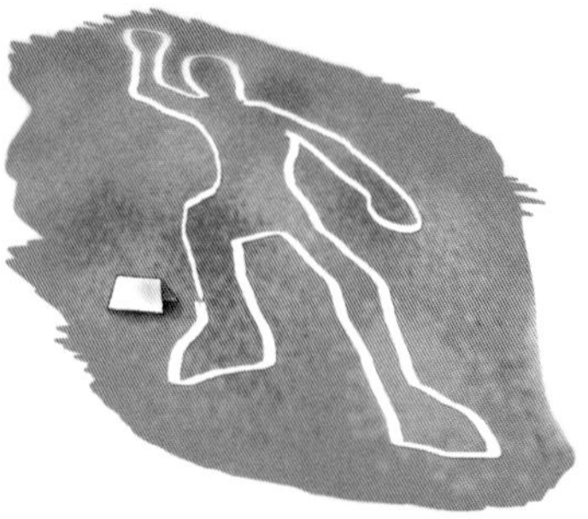

Die Polzisten untersuchen den Tatort, Kommissar Lindström verhört Henry und anschließend Erik und Edmund gemeinsam. Beide lügen ihn in ihren Antworten auf wichtige Fragen an. Erik hat sich vor dem Verhör noch versichert, dass Berras Rotze verschwunden ist. Die Väter erscheinen, um ihre Söhne abzuholen. Henry verweigert die Heimfahrt, Erik und Edmund kommen nur widerwillig und nur für kurze Zeit mit. Beim anschließenden Krankenhausbesuch ermahnt die Mutter Erik, auf sich und Edmund aufzupassen.

Kapitel 16 (S. 191–201)

Der Kurren berichtet über den Schock, den die Sportwelt erlitten hat, und die Ermittlungen. Die Leser werden darüber informiert, dass die Polizei verschiedene Spuren verfolge, aber noch keinen Verdächtigen festgenommen habe. Auch die Befragungen hätten noch zu keinen Antworten geführt. Erik und Edmund treffen eine stillschweigende Übereinkunft, nicht über das Geschehen zu reden, wohl aber über Ewa Kaludis und ihre Situation. Lindström führt weitere Verhöre mit den Bewohnern von Genezareth durch, wieder ohne nennenswerten Erfolg. Im Laxman-Laden stehen Erik und Edmund im Mittelpunkt des Interesses, da sie in unmittelbarer Nähe des Geschehens wohnen. Sie reden sich auf einen Wahnsinnigen als Täter heraus.

Kapitel 17 (S. 202–212) **SH 11–13**

Fehlende Stichwörter: *Gespräch über Träume – Ewa Kaludis*

Erik und Edmund unterhalten sich darüber, ob zwei Menschen den gleichen Traum haben können. Der Freelancer Rogga Lundberg erscheint, um mit Henry zu sprechen, und versucht, die beiden Jungen auszuhorchen. Er erklärt ihnen die Theorie der Polizei und gibt vor, Henry durch Information darüber helfen zu wollen. Nachdem er angedeutet hat, dass er über die Beziehung Henrys zu Ewa Kaludis Bescheid weiß, trägt er den Jungen auf, ~~Erik~~ Henry zu informieren. Erik und Edmund fahren in die Stadt, besuchen zuerst Eriks Vater und nach einigem Zögern Ewa Kaludis.

Kapitel 18 (S. 213–221)

Fehlende Stichwörter: *Reaktion Ewas auf den Besuch – Botschaft von Berra Albertsson an Henry*

Ewa Kaludis ist sehr erfreut über den Besuch und bewirtet ihre Gäste. Sie unterhalten sich über Ewas gescheiterte Beziehung zu Berra Albertsson, über ihre Unruhe und die Situation, nicht mit Henry in Kontakt treten zu können. Obwohl sie in einem schlechten Zustand ist, gibt sie den Jungen eine Hoffnung vermittelnde Botschaft für Henry mit. Als sie zum Abschied die beiden Jungen umarmt, fühlt sich Erik in einer *„Wolke"* des Glücks, das zu Hause in Leere und Verzagtheit umschlägt.

Kapitel 19 (S. 222–228)

Fehlende Stichwörter: *Ewa Kaludis – Edmunds Vater*

Erik und Henry sprechen auf einer gemeinsamen Bootsfahrt über den Besuch Lundbergs und den Besuch bei Ewa Kaludis. Henry ist der Meinung, dass es angesichts der versteckten Drohung Lundbergs besser sei, der Polizei selbst von Ewas Anwesenheit in Genezareth in der Mordnacht zu berichten. Edmund erzählt von der Krankheit seines Vaters als Grund für das gewalttätige Verhalten. Erik ist damit nicht einverstanden, weil er eine solche Einstellung als Widerspruch zu Henrys Haltung, dass man Verantwortung übernehmen müsse, versteht.

Kapitel 20 (S. 229–238)

Unnötige Stichwörter: *Lesen des Berichtes – reisefertiges Gepäck*

Henry kommt in Untersuchungshaft. Die Zeitung berichtet davon, ohne den Namen zu nennen, und weist darauf hin, dass noch kein Geständnis vorläge. Auch das dritte Verhör, das Kommissar Lindström mit Erik und Edmund führt, endet ergebnislos, obwohl Lindström härter vorgeht. Aber Eriks vorsichtiges Verhalten bleibt unehrlich und ausweichend und der Kommissar ist verstimmt über die Unwahrheiten. Nach einer letzten Bootsfahrt werden Erik und Edmund von ihren Vätern abgeholt.

Kapitel 21 (S. 239–252)

Unnötige Stichwörter: *Polizei als fähige Leute bezeichnet – Kaninchen und Edmunds Cousinen*

Erik fährt mit seinem Vater fast jeden Tag ins Krankenhaus und ins Gefängnis. Der Mutter geht es schlechter, Henry hält sich tapfer. Im Kurren erscheint von R. L. ein Artikel über das Mordgeschehen. Henry ist belustigt, er fühlt sich nicht belastet. Erik und Edmund haben kaum mehr Kontakt, da sich Edmund zurückzieht. Als Erik und sein Vater die restlichen Sachen aus Genezareth holen, bleibt eine erneute Suche nach dem Vorschlaghammer ergebnislos. Erik stellt fest, dass die Manuskriptseite, die er gelesen hat, verschwunden ist. Bei einem zufälligen Treffen mit Ewa macht ihr Erik eine Liebeserklärung. Henry wird aus der Untersuchungshaft entlassen. Im November zieht Henry nach Göteborg, im Dezember stirbt die Mutter.

Kapitel 22 (S. 255–269) **SH 14–15**

Im Februar des nächsten Jahres ziehen Erik und sein Vater nach Uppsala, Henry arbeitet bei einem Verlag in Göteborg, zwei Jahre nach dem Mord erscheint sein Roman Koagulierte Liebe, 1976 stirbt der Vater. Nach Abitur und Studium arbeitet Erik als Gymnasiallehrer und gründet eine Familie. Mit Henry, der Ende der Siebziger Jahre nach Uruguay emigriert ist, gibt es kaum noch Kontakt. Im Zusammenhang mit einem Artikel über unaufgeklärte Morde, in dem auch Berra Albertsson zur Sprache kommt, erzählt Erik seiner Frau erstmalig vom Geschehen in Genezareth, woraufhin diese Edmund, der als Pfarrer arbeitet, ausfindig macht und einlädt. Der Abend verläuft besser, als von Erik befürchtet, die beiden Männer lenken das Gespräch weg vom Thema Genezareth. In einer Diskussion über Schweigepflicht und Gewissensnöte eines Pfarrers fühlt sich Edmund in die Enge getrieben. Dieses Gespräch und die Meinung seiner Frau über Edmunds Verhalten veranlassen Erik, ein paar Wochen später bei Edmund anzurufen und ihn direkt nach seinem Wissen über die Mordnacht zu fragen. Edmund entzieht sich der Antwort. Im Herbst dieses Jahres trifft Erik Ewa Kaludis wieder und es kommt zu einer Liebesbeziehung, die zur Scheidung Eriks von seiner Frau und zum Einzug bei Ewa führt.

Kapitel 23 (S. 270–277)

Zwei Monate vor dem Ende der Verjährungsfrist des Berra-Albertsson-Mordes trifft sich der inzwischen pensionierte Kommissar Lindström mit Erik, da er Details wissen möchte, die damals eventuell verschwiegen worden sind, um sie in seinem Erinnerungsbuch zu veröffentlichen. Er spricht von seinem Verdacht gegen Henry und Ewa und den fehlenden Beweisen, aber Erik beharrt auf der Wahnsinnigen-Theorie und gibt kein weiteres Wissen preis. Als im September 1987 die Tat verjährt ist, feiern Erik und Ewa (wie) zufällig den Abend mit Champagner.

Kapitel 24 (S. 278–287)

Durch seine geschiedene Frau Ellinor erfährt Erik, dass Edmund nach einem Herzinfarkt im Krankenhaus liegt und ihn sprechen möchte. Nach dem Gespräch, über dessen Inhalt nichts berichtet wird, erscheint Edmund gelöst und friedvoll. Erik fasst den Entschluss, die Geschichte um den Mord an Berra Albertsson aufzuschreiben. Er fährt nach Genezareth und stellt sich seinen Erinnerungen, von denen er zeitweise überwältigt wird. Er gräbt den Vorschlaghammer aus und versenkt ihn auf der Rückfahrt in einem Waldsee in Skaratrakt. Ein paar Tage später stellt Ewa ihm die Frage, wer den Mord begangen habe: er oder Edmund. Der Leser erfährt nicht, was Erik antwortet, da sein undeutlich gesprochenes Geständnis auch für Ewa nicht zu verstehen ist.

INHALTSSICHERUNG

Eriks Gedanken und Gefühle **SH 16–17**

Erwartete Themen in den Antworten

Eriks GEDANKEN			
Familie und Freunde	**Ewa Kaludis**	**„Pflasterworte"**	**Bedrohungen**
• über die Krankheit der Mutter • das Verhalten des Vaters • seinen Bruder und dessen Leben • seine Stellung innerhalb der Schülergruppe • Edmunds Eltern • seine unterschiedlichen Beziehungen zu Benny und Edmund	• über die Attraktivität der Ewa Kaludis • seine Gefühle Ewa gegenüber • das Wesen der Liebe • Probleme der Liebe • sich und Ewa als Paar • die *„Gerechtigkeit"*, dass Ewas und Henrys Beziehung nicht gehalten hat	• über die Bedeutung von ‚tot' • das Werden und Vergehen in der Welt • die komplizierte Wirklichkeit • seine Träume • Verluste • die Schlechtigkeit der Welt	• über das Kommen des SCHRECKLICHEN • die Auswirkungen des SCHRECKLICHEN auf die beteiligten Menschen • die bedrohliche Wirkung von Berra Albertsson • den zwielichtigen Eindruck von Rogga Lundberg

Fortsetzung Tabelle Eriks GEDANKEN

• Macht des Schweigens über das Wort • Zukunft der Familienmitglieder, Edmunds und seine eigene in zehn Jahren • Rachepläne Edmunds dem Vater gegenüber • Bezeichnung *„Arschloch"* für Berra Albertsson • Adler und Taube • Charakterunterschiede zwischen sich und Edmund • die stillschweigende Übereinkunft nach dem Mord		• die *„Pflastersprache"* als Möglichkeit zur Distanz • Verstöße gegen das Gesetz und Vergehen gegen die Menschlichkeit • Henrys Manuskriptseite • das Ablenken von Problemen durch Arbeit • die Krankheit von Edmunds Vater • die Litanei seiner *„Pflasterworte"*	• Lindström und seine Verhöre (das *„Eiserne"* bei dem Kommissar) • die Wahnsinnigen-Theorie • Lindströms möglich Fragen an Edmund • die Zweifel am Aufklärungserfolg der Polizei • das Geschehen in Genezareth • das Gespräch über die Schweigepflicht und die Gewissensnot • Lindströms Aktivität als Pensionär • das Schreiben der Geschichte des Mordes als seine Geschichte

Eriks GEFÜHLE

Liebe und Zuneigung Sexualität	Belastung und Verwirrung	Trauer und Wut Kälte und Distanz	Scham, Schrecken und Bedrohung
• Sensibilität für die Situation des Vaters • Empathie und Zuneigung zu Edmund • Gefühl der Freiheit von Belastungen durch die Realität durch das Zeichnen seines Comics • Mitgefühl mit Edmund und seinen Eltern • Freude an der Gemeinsamkeit mit Edmund • Stolz über Edmunds Lob für die Comics • Lähmungsgefühl bei Ewas Erscheinen • Stolz auf Ewas Lob des Stegs • Ergriffenheit beim Beobachten von Ewa und Henry • Gefühl, dass etwas Großes geschehen ist • Gefühl der Unfähigkeit, Liebe in seinem Comic angemessen darstellen zu können • Nähe- und Schwindelgefühl bei Ewas Massage • Ebenbürtigkeitsgefühl Henry gegenüber bei der gemeinsamen Bootsfahrt • Heimatgefühl beim Einzug bei Ewa • Gefühl der Vollendung nach dem letzten Gespräch mit Edmund	• bedrückt durch die Situation im Krankenhaus • Unsicherheitsgefühle (wie der Sommer wird) • Verwirrung wegen Ewa und Henry • belastet durch die Gedanken an das SCHRECKLICHE • belastet durch die Krankheit der Mutter • Ohnmachtsgefühl der verletzten Ewa gegenüber • Gefühl der Unwirklichkeit am Tatort	• Abschiedsschmerz von der Schule/Ewa • Zerstörungswut am Automaten • Wut beim Nägel einschlagen (Ersatzhandlung) • Wut auf Gewalttätige • Wunsch nach Distanz nach der Beobachtung von Ewa und Henry • Gefühl der Fremdheit und Verzagtheit in Ewas und Berra Albertssons Wohnung • Gleichgültigkeit beim Versenken des Vorschlaghammers • Wehmut und Stolz beim Anblick des Stegs nach so vielen Jahren	• Scham/Erschrecken über die Schlechtigkeit der Welt • Ablehnung von Edmunds Sprechen über Sex • (unangebrachtes) Schamgefühl wegen Henrys sexueller Aktivitäten • Scham über das unerlaubte Lesen der Manuskriptseite • Schrecken über Berra Albertssons Besuch • Übelkeit nach dem Leichenfund • Angst bei Anblick von Henrys Auto im abgesperrten Bereich am Tatort • Respekt vor Lindström • Unfähigkeit, über den Mord zu reden • Nervosität vor dem Besuch bei Ewa Kaludis • Misstrauen Rogga Lundberg gegenüber • Erschrecken bei Lindströms Faustschlag während des Verhörs • Scham über seine sexuellen Gedanken und Aktivitäten

INHALTSSICHERUNG Handlung und Figuren – Meine Vorstellungen und Ideen SH 18–31/34–35

KAPITEL 1 [S. 9–22] SH 18

➲ Aufgabe 2

Das ist vom Vater aus gesehen die Krankheit der Mutter – Erik hat das SCHRECKLICHE im Blick.

KAPITEL 2 [S. 23–33] SH 18

➲ Aufgabe 1

Mögliche Textstellen: „[...], weil es mir die Sprache verschlagen hatte." [S. 29]
„Es war wie in einem Film. Nur noch besser." [S. 29]
„Die Biene, die da auf ihrem Moped direkt auf den Schulhof geknattert kam, sah wirklich aus wie Kim Novak." [S. 29]

➲ Aufgabe 2

Hinweis, dass es ihm peinlich ist, dass Edmund von seiner Entscheidung abhängig ist, dass er keinen Grund sehe, warum Edmund nicht mitkommen sollte.

KAPITEL 3 [S. 34–47] SH 19

➲ Aufgabe 1a

Mögliche Überschriften

1. Eriks Beziehung zu seinem Bruder
2. Der Ort des Geschehens
3. Eriks Beziehung zu Edmund
4. Die Bedeutung von Ewa Kaludis
5. Die Belastung durch die Krankheit der Mutter
6. Die Flucht aus der Realität

➲ Aufgabe 1b

Mitgefühl: Sie spürt, dass Erik mit der Situation nicht zurechtkommt, und versucht es ihm zu erleichtern.
Verständnis: Sie versteht, dass Erik das Zimmer verlässt, weil er nicht weiß, wie er sich verhalten soll.
Tapferkeit: Sie versucht ihren Zustand vor Erik zu verbergen, damit er sich nicht noch mehr Sorgen macht.
Verantwortung: Sie versucht, die Verantwortung für ihren Sohn durch ihr Verhalten auch in ihrer Situation nicht zu vernachlässigen.

KAPITEL 4 [S. 48–61] SH 20

➲ Aufgabe 2

Mögliche Begründung für den Albtraum:
Verarbeitung der Angst vor dem Tod der Mutter – Auseinanderhalten der belastenden Welt und der Welt der Nähe Ewas (erschreckendes Auftauchen der Mutter mit den traurigen Augen – vergebliches Bemühen, sie vor Ewa Kaludis zu verbergen – Ewas überraschte/enttäuschte Reaktion – Eriks Schlaflosigkeit und Grübeln über den Traum)

KAPITEL 5 [S. 62–75] SH 20

➲ Aufgabe 1a

Das entspricht dem Sommer in Genezareth: Nebeneinander von Sommeraktivitäten, typischen Verhaltensweisen von Heranwachsenden und dem SCHRECKLICHEN.

➲ Aufgabe 1b: Innerer Monolog

Erwartete Inhalte: Abschied von Schule, Klassenraum, Mitschülern und Freunden – einige vermissen, andere weniger – alles zu ertragen, aber nicht der Abschied von Ewa Kaludis – ihre Anwesenheit im Unterricht – Sitzen am Pult – funkelnde Augen – Arbeitsanweisungen mit Stimme, die an *„Schnurren einer Katze"* erinnert – Herumgehen in der Klasse – Brust an meiner Schulter – wie Fallen in einen Abgrund

Formale Merkmale des Inneren Monologs

KAPITEL 6 [S. 76–88] **SH 21**

➲ Aufgabe 1

- Lundin-Haus-Bewohner: Verstoß gegen Regeln und Gesetze, die das menschliche Zusammenleben regeln: Boden des gesellschaftlichen Alltags
- Jüdisches Ehepaar: Verbrechen gegen die Menschlichkeit, Völkermord

➲ Aufgabe 2

- Henry betrachtet Edmund, nachdem dieser sich ins Gespräch gemischt hat, „**mit gespielter Verwunderung**" [S. 87].
- Henry reagiert mit einem „**»Dann ist es ja gut«,** [...]" [S. 88] und verlässt das Zimmer, als Edmund forsch sein Einverständnis wegen des Schlipses am Fahnenmast gegeben hat.

Beide Male könnte Edmund die Reaktion als eine Ablehnung verstanden haben.

KAPITEL 7 [S. 89–102] **SH 22**

➲ Aufgabe 2

1. Trauer über die Schlechtigkeit der Welt
2. Gefühl von Hilflosigkeit/Ohnmacht
3. Vorstellung von Ewas Beziehung zu diesem Schläger

KAPITEL 9 [S. 114–124] **SH 23**

➲ Aufgabe 1

„Irgendwie bekam ich keine richtige Ordnung in meine Gedanken, gleichzeitig, während ich das Gefühl hatte, dass es ziemlich erregend war, dass mein Bruder mit einem Mädchen direkt unter uns gelegen hatte, fand ich es trotzdem irgendwie peinlich." [S. 117]

➲ Aufgabe 2

Die Zeilen sind nicht ironisch gemeint, denn die Zuneigung zu und die Gemeinsamkeit mit Edmund, das gegenseitige Verstehen und die Sommeraktivitäten, die eine Distanz zu den Problemen bewirken, machen diese Zeit auch für Erik zu einem *„Spitzensommer"*.

KAPITEL 10 [S. 125–135] **SH 24**

➲ Aufgabe 1a

Befürchtungen, wie Berra Albertsson reagieren könnte – Angst um Henry – Bewunderung für Henry – eigene Reaktionen auf Ewa

➲ Aufgabe 2

Mögliche Unterstreichungen (Auswahl):

hineinrammte – draufhauen – noch eins verpassen – Und dann noch ein extra Peng, wenn er schon drin war – blöder Nagel – Mistnagel – Hier habe ich das Sagen

KAPITEL 11 [S. 136–147] **SH 24**

➲ Aufgabe 1a

- Henry ist ein Siegertyp, der Kraft und Ausdauer hat, Leichtigkeit und Freiheit im Leben liebt.
- Erik ist eher scheu, ist sensibel für Erotik und Zärtlichkeit, in seinen Gefühlen für Ewa treu.

KAPITEL 12 [S. 148–159] **SH 25**

➲ Aufgabe 2

Mögliche Auswahl:

Frühstück – Baden am Steg – Ewas Erscheinen – Henrys Fürsorge – Eriks/Edmunds Erschrecken – Gespräch Eriks mit Ewa – Entspannungsmassage

KAPITEL 13 [S. 160–172]

SH 26

Aufgabe 1a

Mögliche Anordnung:

Aufgabe 2

1. Edmund könnte auf der Toilette sein. 2. Edmund könnte der Täter sein.

KAPITEL 14 [S. 175–179]

SH 27

Aufgabe 1a

Er-Form:	„Er registriert, dass zwei Fahrzeuge da stehen." [S. 176]
meist vollständige Sätze:	„Es war ihm klar, dass da etwas nicht stimmte." [S. 177]
Gedanken und Gefühle:	„Er kann nicht erkennen, wer es ist, denn er traut sich natürlich nicht, den Körper zu berühren und ihn umzudrehen." [S. 177]
Erzählerkommentare:	„Das soll man schließlich auch nicht tun." [S. 177]

Aufgabe 1b

Am Morgen des 10. Juli wurde auf dem Parkplatz zwischen dem Sommerhaus Genezareth und dem Lundin-Haus kurz nach sechs Uhr die Leiche des Handballtrainers Berra Albertsson gefunden. Unterrichtet wurde die Polizei von Lasse Schiefmaul, der den Toten auch entdeckt, aber vorschriftsmäßig nicht berührt hatte. Identifiziert wurde der Ermordete durch die herbeigerufenen Bewohner von Genezareth Henry und Erik Wassman und Edmund Wester. Die Leiche lag auf dem Boden neben der linken Vordertür eines roten Volvo PV 1800 auf dem Bauch. Die verdrehte Position mit den ausgestreckten Armen und das große Loch im Kopf lassen auf ein Gewaltverbrechen schließen, einen Schlag auf den Kopf mit einem stumpfen Gegenstand.

KAPITEL 15 [S. 180–190]

SH 28

Aufgabe 1

Da es damals noch keine DNA-Nachweise gegeben hat, kann die Anwesenheit dadurch nicht zweifelsfrei nachgewiesen werden.

KAPITEL 16 [S. 191–201]

SH 28

Aufgabe 1a

1. Sie verbergen etwas voreinander. 2. Sie wollen das Geschehen verdrängen.

Aufgabe 2

Er denkt darüber nach, wie er seine Antwort am geschicktesten formulieren könnte, um nicht die Wahrheit sagen zu müssen.

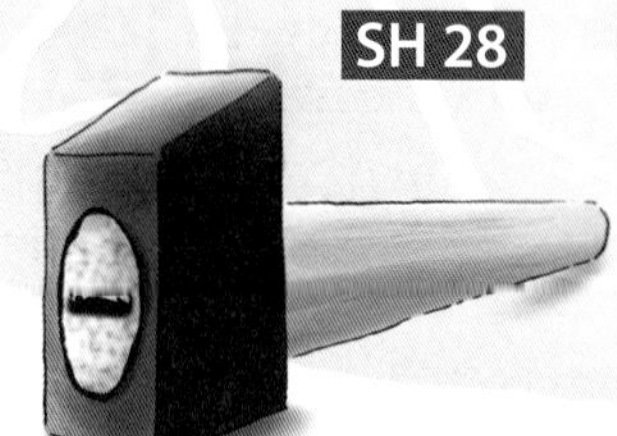

KAPITEL 17 [S. 202–212]

SH 29

Aufgabe 1

- Die erste Aussage zielt auf den eigenen Vorteil auf Kosten Henrys.
- Die zweite Aussage ist ein (vorgetäuschtes) Hilfsangebot, um Henry die Situation zu erleichtern.

Die zweite ist die ehrliche Aussage, weil Lundberg ein Konkurrent von Henry beim Kurren ist und sich Informationen beschaffen will für seinen Artikel über die Mordsache und Informationen, was Henry mit der Sache zu tun hat.

Aufgabe 2

Ihr Gewissen und ihre moralische Einstellung sagen ihnen, dass sie Verantwortung für Ewa übernehmen sollten, sie nicht allein lassen dürfen. Aber sie haben die Befürchtung, der Aktion nicht gewachsen zu sein, nicht zu wissen, wie sie sich verhalten sollen. Wenn sie klingeln und Ewa ist nicht da, dann können sie das Gefühl haben, richtig gehandelt zu haben, und von der Nervosität befreit nach Hause fahren.

KAPITEL 18 [S. 213–221] **SH 29**

➲ **Aufgabe 1a:** Metapher

➲ **Aufgabe 1b**

> *Hallo Henry,*
> *muss dir davon erzählen, dass Rogga Lundberg hier gewesen ist und uns aushorchen wollte über dich. Er scheint auch über Ewa und dich Bescheid zu wissen und ich befürchte, dass er damit zur Polizei gehen könnte. Übrigens, wir waren bei Ewa, um zu sehen, wie es ihr geht. Sie lässt dich grüßen und du sollst dir keine Sorgen machen.*

KAPITEL 19 [S. 222–228] **SH 30**

➲ **Aufgabe 1a**

Perry Mason ist die Hauptfigur einer TV-Serie, in der er immer die Unschuld des Verdächtigen/Verhafteten beweist und den richtigen Täter überführt. Der Zusammenhang besteht darin, dass Erik und Edmund überzeugt sind/wissen von Henrys Unschuld.

➲ **Aufgabe 2**

1. Eine Krankheit kann nach Eriks Meinung als Entschuldigung genutzt werden und davor schützen, sich seinen Taten zu stellen, wie es Henry fordert. Das gefällt Erik nicht.
2. Er will sich nicht damit auseinandersetzen, dass Menschen, die Gewalt gegen Schwächere ausüben, krank sein und nicht moralisch verurteilt werden können.

KAPITEL 20 [S. 229–238] **SH 31**

➲ **Aufgabe 1**

- *Schweigen/Blicke:* S. 230 die beiden letzten Abschnitte
- *allgemeine Fragen zum Verhältnis der Brüder und Henrys Person:* S. 231–S. 232 die ersten vier Zeilen
- *Eingrenzung auf die aktuelle Situation:* S. 232 ab 5. Zeile bis S. 232 drittletzte Zeile
- *Eriks Motivation für sein Verhalten:* S. 232 die beiden letzten Zeilen bis S. 233 „»Ich habe doch gesagt, dass sie sich kennen.«“
- *Ewa Kaludis:* S. 233 ab „Er öffnete das Röhrchen und warf sich zwei Pastillen in den Mund.“ bis S. 234 „Er begutachtete die Nägel an der anderen Hand.“
- *10. Juli:* S. 234 ab „»Der neunte Juli« [...]“ bis S. 235 „»Wirklich?«“
- *Verhalten Lindströms den Lügen gegenüber/Härte Lindströms:* S. 235 ab „Seine Faust schlug wie ein Pistolenschuss auf die Tischplatte.“ bis „»Nur so kannst du seine Lage erleichtern.«“
- *Abbruch des Verhörs:* bis zum Ende der S.235

➲ **Aufgabe 2**

Erik glaubt, dass Lindström blufft. Erik will sein Lügen nicht aufgeben.
Erik will sich und Edmund schützen. Erik will Ewa raushalten.

KAPITEL 21 [S. 239–252] **SH 34**

➲ **Aufgabe 1a**

Ich suchte jeden Winkel sorgfältig ab, obwohl es regnete.

KAPITEL 23 [S. 270–277] **SH 35**

➲ **Aufgabe 2**

Die Aussage trifft auf den Mord an Berra Albertsson zu, da der Täter mit einem einfachen Schlag mit einem Vorschlaghammer aus dem Hinterhalt, der wohl nicht auf langen Planungen beruhte, seinen Mord ausgeführt hat.

KAPITEL 24 [S. 278–287] **SH 35**

➲ **Aufgabe 2**

Erik hält die Geschichte für seine Geschichte und die der anderen Mitbeteiligten. Sie hat sein weiteres Leben beeinflusst bis hin zu dem letzten klärenden Gespräch mit Edmund und der Vollendung durch das Versenken der Tatwaffe.

Diese Geschichte aufzuschreiben bedeutet, sich im Rückblick mit seinem Leben zu beschäftigen, sich mit allem auseinanderzusetzen, was er getan oder nicht getan hat.

DIE HANDLUNGSTRÄGER — Erik Wassman SH 36

Erwartete Inhalte für die Rollenbiografie:

Familienverhältnisse und belastende Situation – Freizeitbeschäftigung – Ewa Kaludis – Beziehungen zu Benny und zu Edmund – Gedanken und Gefühle *(siehe Inhaltssicherung Aufgabe 1b: Eriks Gedanken und Gefühle Auswahl)*

DIE HANDLUNGSTRÄGER — Erik und Henry SH 36

➲ Aufgabe 1

Erwartete Angaben

Charakter/Eigenschaften: stark, mutig, unerschrocken, freiheitsliebend, von der Mutter als *„Adler"* bezeichnet

Lebenseinstellung: betrachtet das Leben positiv *(„Schmetterling an einem Sommertag", „glitzernden, funkelnden Jetzt")*

Familie: früh von zu Hause ausgezogen, zur See gefahren, selbstständiges Familienmitglied, unabhängig

Lebensumstände: eigene Wohnung, Freelancer bei der Zeitung Kurren, schreibt ein Buch über das Leben (später unter dem Titel *Koagulierte Liebe* veröffentlicht)

Verhältnis zum Bruder: kumpelhaft, offen, Regeln setzend, Ratgeber, Beschützer

Beziehung zu Frauen: von Freundin Emmy Kaskel getrennt, Beziehung zu Ewa Kaludis

➲ Aufgabe 2

Henry, das Vorbild	Henry, der Verbündete	Henry, der Rivale
Begründung: Henry hat sein Leben im Griff – weiß, was er will – beruflich und privat erfolgreich – gibt Erik Lebensratschläge	**Begründung:** Als Bruder hat er mit Erik kleine Geheimnisse vor dem Vater (rauchen) – Übereinstimmen in der Mordsache	**Begründung:** Erik liebt Ewa, Henry ist mit ihr zusammen
Mögliche Textstellen: • „Ich wusste, dass mein Bruder Henry ein ungewöhnlicher Mensch war, [...]" [S. 60] • „»Henry ist der Adler, er kommt immer klar.«" [S. 136] • „»Wenn du zur Wahrheit stehen musst, dann musst du es. Da gibt es kein Hin und Her, da muss man durch.«" [S. 224] • „»Was für ein Bursche, Erik. Diesen Burschen machen sie nicht so schnell fertig.«" [S. 243]	**Mögliche Textstellen:** • „Henry bot mir zwei Luckys an und versprach, mich umzubringen, wenn ich das unserem Vater verraten würde." [S. 37] • „»Wir erzählen nicht, dass Emmy nicht mitkommt. Sonst machen sie sich nur Sorgen, [...]«" [S. 52] • „»Mir gefällt es nicht, über das hier zu reden«, sagte er. »Und ich weiß, dass es dir auch nicht gefällt. Aber wir waren nun mal dazu gezwungen. Was meinst du, wissen wir jetzt, was wir voneinander zu halten haben?«" [S. 225]	**Mögliche Textstellen:** • „Und für eine aufblitzende Sekunde lang begriff ich, wie es wohl sein mochte, Henry zu sein." [S. 158] • „Ich weiß nicht, warum ich das Gefühl hatte, dass Ewa da rausgehalten werden sollte, aber ich hatte es nun einmal. Es war, als sollte es irgendwie eine Sache nur zwischen meinem Bruder und mir bleiben. Das, was jetzt geschehen war." [S. 178]

DIE HANDLUNGSTRÄGER — Erik und Edmund SH 37–38

➲ Aufgabe 1

Erwartete Angaben (Gemeinsamkeiten unterstrichen):

- *Erik:* krebskranke Mutter, <u>Mutter nicht für den Sohn da, fürsorgliche Seite fehlt</u>, der Situation nicht gewachsener Vater, Bruder nicht mehr im Haushalt, <u>Erik auf sich allein gestellt</u>, Comic zeichnen als <u>Rückzugsort</u>
- *Edmund:* alkoholkranke Mutter, <u>Mutter nicht für den Sohn da, fürsorgliche Seite fehlt</u>, Adoptiv-Vater, gewalttätiger leiblicher Vater, <u>auf sich allein gestellt</u>, Modelleisenbahn, Bücher als <u>Rückzugsorte</u>

➲ Aufgabe 2

Mögliche Ergebnisse:

- *Benny:* Schulfreund, Kumpel, Freund: typische Jungenfreundschaft, altersgemäße Aktionen und Gespräche, gemeinsame Schulerlebnisse, aber auch Sensibilität für die Probleme des anderen
- *Edmund:* Freund, Vertrauter, Verbündeter: Anvertrauen ihrer Ansichten über das Leben und ihrer Probleme, gemeinsame Haltung in der Mordsache

➲ Aufgabe 3

Mögliche Antworten:

- *Gemeinsamkeit:* wortloses Verstehen, Verschwiegenheit, Umgang mit der Wahrheit, Verlässlichkeit, Ablehnung von Gewalt
- *Unterschied:* Umgang mit der Sexualität, Intensität der Gefühle, Kampf mit dem Gewissen

➲ Aufgabe 4

I. Der *„Spitzensommer"*	II. Das SCHRECKLICHE	III. Die Vollendung
familiäre Belastungen – Ewa Kaludis' Erscheinen in der Schule – Kennenlernen (Modelleisenbahn/ Essen/Kino) – Kaugummiautomat – Sommeraktivitäten – reden und schweigen – Oberst Darkin – Stegbau – Verurteilung von Gewalt – Befürchtungen – Berra Albertsson	Leichenfund – Wahnsinniger-Theorie – Verhöre – stillschweigende Übereinkunft (kein Gespräch über den Mord) – lügen und verschweigen – Besuch bei Ewa Kaludis – Rogga Lundberg – Edmunds Distanz	aus den Augen verlieren – Wiedersehen nach vielen Jahren – Eriks Anruf – vollkommene Offenheit – Vollendung (Vorschlaghammer)
Mögliche Textstellen: • „»Das wird ein schwerer Sommer«" [S. 10] • „Sie lächelte und funkelte ein wenig mit den Augen. Ein Beben ging durch die Klasse." [S. 40] • „An den ersten Tagen erkundeten wir die Gegend." [S. 76] • „Zum Teufel, wir hatten einen Steg gebaut." [S. 131] • „»Dass es bald verdammt ungemütlich werden wird.«" [S. 151]	**Mögliche Textstellen:** • „Es war Lasse Schiefmaul, der die Leiche fand [...]"[S. 175] • „Am Sonntag kam Kommissar Lindström wieder. Er blieb höchstens eine Stunde, aber er sprach mit uns allen dreien." [S. 194] • „Auf dieser Schiene fuhren wir auch später weiter. Auf der Wahnsinnigenspur." [S. 201] • „Andererseits konnte es natürlich auch sein, dass sie unsere Hilfe brauchte – deshalb hatten wir ja diese gentlemanmäßige Hilfsaktion in Angriff genommen." [S. 211]	**Mögliche Textstellen:** • „Es wurde ein angenehmerer Abend, als ich zu hoffen gewagt hatte." [S. 261] • „Schließlich rief ich in Ånge an und stellte ihn direkt zur Rede." (S. 264) • „Es gab anderes, das zu klären wichtiger war, bevor es zu spät war." [S. 280]

DIE HANDLUNGSTRÄGER

Erik und Ewa Kaludis SH 39–40

➲ Aufgabe 1

Kim Novak war ein amerikanischer Filmstar. Sie war wegen ihrer Attraktivität und Schönheit der Schwarm unzähliger Kinobesucher. Mit diesem Spitznamen wird ausgedrückt, dass Ewa Kaludis eine ebenso sensationelle Erscheinung ist.

➲ Aufgabe 2

Liebe bedeutet Ernsthaftigkeit und Zärtlichkeit.
Situation: Wiederbegegnung mit Ewa Kaludis nach vielen Jahren

Liebe bedeutet sexuelle Anziehung und Leidenschaft.
Situation: Ewas Brust an der Schulter – Entspannungsmassage

Liebe bedeutet Schmerz und Verlust.
Situation: Abschied von der Schule

Liebe bedeutet, das Wohl des anderen im Blick haben.
Situation: Trost nach der Misshandlung – Besuch bei Ewa Kaludis nach Henrys Verhaftung

➲ Aufgabe 3

Der Ich-Erzähler berichtet hier ganz sachlich über seine Beziehungen zum weiblichen Geschlecht, seinen ersten Kontakt, sein Erfahrungen-Sammeln, seine Familiengründung. Wenn er über Ewa Kaludis schreibt, ist seine Sprache anschaulich, lebendig und ausdrucksstark.

DAS EXISTENTIELLE

Die *„Pflasterworte"* SH 41–43

„Krebs–Treblinka–Liebe–Bumsen–Tod.
Mir war klar, dass es das alles auf der Welt gab." [S. 83]

➲ Aufgabe 1

Durch die Krebserkrankung der Mutter hat sich Eriks Leben verändert. Die Mutter ist nicht mehr zu Hause und Erik fehlt ihre Fürsorge. Der Vater ist berufstätig und so ist der Junge auch häufig allein. Zudem hat der Vater auch Schwierigkeiten, die Situation zu bewältigen: die Sorge um die Ehefrau, den Schmerz, ihr Leid mitansehen zu müssen, die Organisation von Beruf und Haushalt, die täglichen Besuche im Krankenhaus, die alleinige Verantwortung für den Sohn. Er ist auch nicht in der Lage, offen mit Erik über alles zu reden, und weicht in Floskeln aus. Die Mutter versucht, so gut es geht, durch Fragen und Ratschläge vom Krankenhaus aus, für ihren Sohn da zu sein, was ihr Präsentsein zu Hause in keiner Weise ersetzen kann. Sie will verbergen, wie schlecht es ihr wirklich geht. Erik durchschaut, dass sein Vater nicht mit der Situation zurechtkommt und versucht so gut wie möglich sich anzupassen. Er sieht, dass es seiner Mutter schlecht geht, hält die Aufenthalte im Krankenzimmer kaum aus und flieht aus dem Krankenzimmer in die Toilette.

➲ Aufgabe 3

Bezeichnend für Erik ist, dass er *„Liebe"* und *„Bumsen"* in zwei *„Pflasterworten"* getrennt zum Ausdruck bringt.

3a. Mögliche Textstellen:

- „Es war so unbeschreiblich schön. So verdammt schön, dass mir klar war, dass ich niemals wieder in meinem Leben etwas Ähnliches sehen würde." [S. 146]
- „Mir kam in den Sinn, dass ich endlich eine Tür geöffnet und etwas gesehen hatte, was ich mir schon lange zu sehen gewünscht hatte. Etwas, das wie ein anderes Land war." [S. 147]
- „Ich spürte, dass ich wieder kurz vorm Weinen war, [...]" [S. 158]
- „Ich liebte sie zum ersten Mal. Das war die ernsthafteste Tat in meinem Leben, und ich glaube, dass es Ewa fast ebenso ging." [S. 268–269]

3b. auf Erik/Edmund zutreffend: Verwirrung der Gefühle, seltsame Gedanken, Ahnungen auf etwas Unbekanntes, Großes, Tränen. Mögliche Textstellen:

- „Irgendwie bekam ich keine richtige Ordnung in meine Gedanken, [...]" [S. 117]
- „[...], aber irgendetwas war mit uns geschehen. Etwas Großes und fast Geheimnisvolles." [S. 146–147]
- „[...], dass derartige Gedanken nur in meinem Kopf auftauchten, weil ich zu müde war, sie zu zügeln." [S. 149]
- „[...], und ich weinte lautlos, ohne zu wissen, warum." [S. 102]

➲ Aufgabe 5

1. „Das Leben soll wie ein Schmetterling an einem Sommertag sein. [S. 72]
2. „»Stattdessen sollten wir lieber in dem glitzernden, funkelnden Jetzt leben.«" [S. 139]

Eriks *„Pflasterworte"* umfassen zu einem großen Teil die problematischen Seiten des Lebens. Seine Liebe zu Ewa ist mit dem Verlustgefühl verbunden. Der Genuss des Lebens, der aus Henrys Aussagen spricht, ist bei Erik nicht zu finden.

DAS EXISTENTIELLE

Die Reaktionen SH 43

➲ Aufgabe 1

S. 53–54: Krankheit der Mutter – Gefühle für Ewa Kaludis/Trennen der zwei Welten
S. 122–123: Manuskriptseite von Henry, die Erik gelesen hat: Überraschung, Ekel, Ungewissheit über den Inhalt des Buches
S. 260: Nähe, die Geborgenheit schenkt, ist das Wesentliche an Eriks Gefühlen

➲ Aufgabe 2

1. Abschnitt: Verantwortung für die Figuren übernehmen – Verpflichtung haben – Macht über die Figuren haben
2. Abschnitt: den Problemen des Lebens entfliehen können – etwas Sinnvolles tun
3. Abschnitt: etwas für sich allein haben – niemand kann reinreden

DAS RÄTSEL UM DEN TÄTER **SH 44–46**

➲ Aufgabe 2a

Mögliche Zuordnungen: *Erik:* 1, 5, 7, 9 *Edmund:* 5, 7 *Henry:* 5, 7 *Ewa:* 1, 5, 7, 8

➲ Aufgabe 4

Ewa Kaludis: Sie fragt am Ende des Romans Erik, wer der Täter sei.
Henry: Er erscheint im Roman als mutig und der Wahrheit verpflichtet.

➲ Aufgabe 5

Erik liest *„Alibi"*. In diesem Roman ist der Ich-Erzähler der Täter.
Das könnte der Hinweis sein, von dem Nesser behauptet, er habe ihn im Roman versteckt.

TEXTMERKMALE **Der Aufbau SH 47–48**

➲ Aufgabe 1

Schaubild A: Gibt die Abfolge in zeitlicher Reihenfolge wieder, macht deutlich, dass alles zusammenhängt.
Schaubild B: Trennt die nähere Vergangenheit, auf die zurückgeblickt wird, von der ferneren Vergangenheit und rückt den erwachsenen Ich-Erzähler näher an den Leser.
Schaubild C: Trennt die Zeit, bevor das SCHRECKLICHE passiert, von der Zeit danach.

➲ Aufgabe 2

2a. In der Einleitung wird durch die ungenaue Bezeichnung *„das SCHRECKLICHE"* die Spannung aufgebaut, was genau passiert.
2b. Es handelt sich um das Schlüsselerlebnis Eriks, das den Handlungsverlauf zu einem großen Teil bestimmt.
2c. Der Spannungsaufbau wird immer wieder verzögert durch die Beschreibungen der Sommeraktivitäten.

➲ Aufgabe 3a/3b

Präteritum: Vergangenes Geschehen wird erzählt. Das Geschehen wird aus dem Rückblick erzählt.
Präsens: Der Erzähler weist auf die Gegenwart des Erzählens hin. Das Lesen geschieht jeweils in der Gegenwart.
Perfekt: Es geht um eine in der Vergangenheit abgeschlossene Handlung. Die Ergebnisse oder Folgen der Handlung stehen im Vordergrund.

TEXTMERKMALE **Der Erzähler SH 48–50**

➲ Aufgabe 4a

Erzählperspektive: auktorialer Ich-Erzähler

➲ Aufgabe 4b

Beispiel: „Obwohl ich also schon mit einem halben Bein in der Erwachsenenwelt stand, konnte ich nicht umhin, ich musste mich immer wieder wundern, warum die Leute nicht einfach still waren, wenn sie doch ganz offensichtlich nichts zu sagen hatten." [S. 12]

➲ Aufgabe 5a

„Und dann fiel mir ein, dass Henrys Killer sich ja innerhalb der Absperrung und der Schilder der Polizei befand, und <u>aus irgendeinem Grund begann ich so zu frieren, dass ich zitterte</u>." [S. 183]
Erik reagiert so heftig, weil er sich Sorgen um Henry macht. Denn der Bruder ist mit der Verlobten des Toten zusammen und das könnte als Motiv gewertet werden. Das Auto weist darauf hin, dass Henry im Haus gewesen sein könnte.

„Unser Gespräch brach nach einer guten halben Stunde in sich zusammen. [...], aber als wir so weit gekommen waren, <u>sah Edmund so unglaublich friedvoll aus</u>, wie es nur tote oder sehr kranke Menschen können." [S. 280]
Der Inhalt des Gespräches wird verschwiegen.

„[...] und dann überwältigten mich die Erinnerungen derart, dass ich erst wieder auf dem Parkplatz zu mir kam." [S. 284]
Erinnerungen an den Mord und die näheren Umstände der Tat. Das Verschweigen der wesentliche Inhalte wird erreicht durch die Unfähigkeit des Ich-Erzählers, die Erinnerungen in dieser Situation, die ihn überwältigt, zu beschreiben.

„»Wie?«, fragte Ewa. »Ich kann nicht hören, was du sagst. Du kannst doch nicht so direkt in meinen Körper reden.«" [S. 287]

Die Wahrheit wird dem Leser verschwiegen und auch Ewa, die Erik nicht verstehen kann. Das undeutliche Sprechen im Zusammenhang mit der Intimität des Augenblicks macht das Verstehen der Worte unmöglich.

➲ Aufgabe 5b

Die Lüge spielt in den Verhören eine entscheidende Rolle, in den wörtlichen Reden. Durch die Lügen kann der Täter nicht überführt werden. Das führt im weiteren Handlungsverlauf zur Verhaftung Henrys, zur Distanz zwischen Henry und seiner Familie, seiner Trennung von Ewa, zum Auseinanderleben von Erik und Edmund, zu weiteren Verhören nach vielen Jahren, zur Offenlegung der Wahrheit auf dem Sterbebett Edmunds und zum endgültigen Versteck der Tatwaffe, letztlich auch zum Aufschreiben der Geschichte durch den Ich-Erzähler.

TEXTMERKMALE — Stil und Sprache SH 50–52

➲ Aufgabe 6a

Håkan Nesser: einfache und häufig benutzte Wörter – unkomplizierter Satzbau (einfache Satzgefüge) – Ellipsen – eher berichtender Stil

Peter Handke: ganzer Abschnitt = ein Satz/kompliziertes Satzgefüge – Anschaulichkeit in der Wortwahl – ausgefallene Formulierungen – viele Adjektive – Aufzählungen – detailliert beschreibend

➲ Aufgabe 6b

Ellipse: „Dass es uns sozusagen umkreiste. Das Gewitter." [S. 172]

➲ Aufgabe 6d

Die Regel ist, dass man nur zwei Worte für alle Äußerungen, Aussagen, Fragen und Antworten benutzen darf. Dadurch ist es eine Sprache, die kaum grammatikalisch vollständige Sätze bildet.

Textstelle: „»Vielleicht durstig?« »Oh ja.« »Prost, Bruder.« »Selber Prost.«" [S. 85]

➲ Aufgabe 7a

Es würde eine Distanz entstehen, weil sich Erik der Kommunikation entzieht.

TEXTMERKMALE — Der Text im Text SH 52

➲ Aufgabe 8

Henrys Buch: Die Manuskriptseite schildert, wie der Mord an Berra Albertsson geschehen sein könnte.

Oberst-Darkin-Comic: Eriks Entschluss, keine Liebeshandlungen mehr einzufügen, hängt mit seiner Erkenntnis zusammen, dass er der Realität, wie er sich beobachten konnte, nicht gerecht werden würde.

INTERPRETATION — SH 53–54

➲ Aufgabe 1

Handlungsgrundlage des Kriminalromans ist die <u>seelische Verfassung</u> oder eine <u>unerträgliche Situation der Figur</u>, die auf eine Gewalttat hinführen kann. Die <u>Figur steht im Mittelpunkt</u>, ihr <u>Leben geht nach dem Verbrechen, häufig einem Mord, weiter</u>. Die <u>Mordmethode ist</u> meistens <u>einfach und unkompliziert</u>. In vielen Kriminalromanen gibt es nur <u>wenige oder gar keine auf den Täter hinweisende Erklärungen, Indizien, Beweise</u>, wie sie ein Detektiv zur Verfügung hat. Die <u>Bedeutung des Rätsels um den Täter</u> kann <u>groß</u> sein, kann aber auch gar keine Rolle spielen. Oft wird die <u>Stimmung besonders deutlich veranschaulicht</u>.

➲ Aufgabe 2

Die Großbuchstaben, die häufigen Wiederholungen und die immer gleiche Formulierung verdeutlichen die Wichtigkeit.

➲ Aufgabe 3

Lückenwörter in ihrer richtigen Reihenfolge:

Titel – Håkan Nesser – Überschrift – Handlung – Gedanken- und Gefühlswelt – Lesern – Sexualität – Distanz – Floskeln Ewa Kaludis – Verbrechens – Sommeraktivitäten - Liebe – Belastungen – Schmetterling - Schwermütiges – Metapher Oberfläche – Grund – Kriminalhandlung – Welt – Folge – Unschuld

GESAMTWIEDERHOLUNG

Lückentext **LH 26–27**

➲ Aufgabe: Vervollständige den Lückentext.

Das Geschehen spielt in Schweden. Der 14-jährige ***Erik Wassman*** lebt mit mit seinem Vater, der als Wärter im Gefängnis arbeitet, allein, seit seine an ***Krebs*** erkrankte Mutter im Krankenhaus liegt. Sein acht Jahre älterer Bruder ***Henry*** hat eine eigene Wohnung. Erik spürt die ***Belastungen***, die mit dem ***Fehlen*** der Mutter und dem ***Unvermögen*** des Vaters, die Situation zu bewältigen, verbunden sind.

In dieser schweren Zeit erscheint in der Schule eine Vertretungslehrerin, ***Ewa Kaludis***, die eine beim Sport verunglückte Kollegin vorübergehend ersetzen soll. Da Ewa Kaludis äußerst ***attraktiv*** ist – sie wird mit der berühmten Filmschönheit ***Kim Novak*** verglichen – sind alle Jungen ***fasziniert***, vor allem Erik. Die junge Frau hat die Vertretungsstelle angenommen, weil sie mit der schwedischen Handball-Legende ***Berra Albertsson*** verlobt ist, der seit kurzen als Trainer in der Stadt arbeitet. Eriks Klasse hat das ***Glück***, von Ewa Kaludis unterrichtet zu werden. Die junge Frau wird zum ***Mittelpunkt*** seiner Gedanken und Gefühle.

Weil durch die Krankheit der Mutter in den ***Sommerferien*** keine Reise unternommen werden kann, soll Erik mit seinem Bruder Henry die Zeit im Sommerhaus ***Genezareth***, das an einem See liegt, verbringen. Um für Erik eine gleichaltrige Gesellschaft zu haben, wird sein Schulkamerad ***Edmund*** eingeladen.

Henry, der die ***Verantwortung*** hat, organisiert das Leben in Genezareth, zieht sich aber aus dem Alltag zurück, um an seinem ***Buch*** zu schreiben. Erik und Edmund, die sich vorher kaum kannten, ***verstehen*** sich schnell und unternehmen viele gemeinsame ***Aktionen***. Unter anderem besuchen sie den Vergnügungspark in der Gegend, wo sie Zeugen eines ***Kampfes*** werden, in dem Berra Abertsson sich als ***unfairer*** Schläger zeigt. Die beiden Jungen ***verurteilen*** dieses Verhalten.

Eines Nachts erscheint Ewa Kaludis in Genezareth und es wird klar, dass sie eine ***Beziehung*** zu Henry hat. In Erinnerung an das gewalttätige Verhalten des Verlobten von Ewa ahnen Erik und Edmund, dass diese neue Situation eine ***Bedrohung*** darstellt. Als Ewa einige Zeit später ***zusammengeschlagen*** zum Sommerhaus kommt, sind diese Ahnungen bestätigt. Außerdem erscheint Berra Albertsson, um Henry zu sprechen. Da dieser nicht anwesend ist, kündigt der Handballer dem erschrockenen Erik sein ***Wiederkommen*** für die kommende Nacht an. Es wird für Erik und dem an einer Mandelentzündung erkrankten Edmund eine ***unruhige*** Nacht.

Am nächsten Morgen wird auf dem Parkplatz nahe des Hauses die Leiche des ***erschlagenen*** Berra Albertsson gefunden. Trotz Spurensicherung und vieler ***Verhöre*** kann die von Kommissar Lindström geleitete Aufklärung den ***Täter*** nicht ermitteln. Verschweigen und ***Lügen***, auch durch Erik und Edmund, behindern die Arbeit der Polizei. Für eine Zeit muss Henry als ***Hauptverdächtiger*** in Untersuchungshaft, aus der er mangels ***Beweisen*** wieder entlassen wird.

Für Erik ändert sich das Leben, als die Mutter ***stirbt***, der Vater mit ihm in eine andere Stadt zieht. Die Verbindung zu Henry und Edmund ist ***abgebrochen***. Erik wird erwachsen, studiert, gründet eine Familie und arbeitet als Lehrer. Nach einem ***Wiedersehen*** mit Edmund, der ***Pfarrer*** geworden ist, und mit Ewa Kaludis, die in einem Hotel einen verantwortungsvollen Posten hat, wird die ***Vergangenheit*** wieder lebendig. Erik verlässt seine Familie, um mit Ewa, die er nie ***vergessen*** hat, zusammen zu leben. Kurz vor der ***Verjährung*** des Mordes erscheint der pensionierte Kommissar Lindström bei Erik, da ihn die ***unaufgeklärte*** Tat nicht zur Ruhe kommen lässt. Das Gespräch mit Erik verläuft ohne das erhoffte ***Ergebnis***.

Auf dem ***Sterbebett*** gesteht Edmund seinem Jugendfreund Erik die ***Wahrheit***. Der Leser erfährt nicht, was gesprochen wird, also auch nicht, wer der ***Täter/Mörder*** ist. Anschließend an dieses Gespräch unternimmt Erik eine ***Fahrt*** an den Ort des Geschehens, gräbt dort den ***Vorschlaghammer*** aus und versenkt ihn in einem nahe gelegenen ***See***. Zurück von seiner Reise in die Vergangenheit antwortet er Ewa auf die ***Frage***, ob er oder Edmund der ***Täter/Mörder*** sei, aber so ***undeutlich***, dass sie ihn nicht verstehen kann. So bleibt auch für den Leser die ***Ungewissheit***.

GESAMTWIEDERHOLUNG

Stichwörter zuordnen und ausformulieren LH 28

➲ Aufgabe

a. Notiere die Stichwörter in die entsprechenden Spalten der Tabelle.

Teil I	Teil II	Teil III
• Erik Wassman/Henry/Vater	• erschlagener Berra Albertsson	• Umzug
• Krankheit	• Spurensicherung	• Studium/Beruf/Familie
• Belastungen	• Verhöre	• Wiedersehen: Edmund/Ewa
• Ewa Kaludis/Faszination	• Lügen/Verschweigen	• Leben mit Ewa
• Edmund	• Henry Hauptverdächtiger	• Verjährung/Lindström
• Genezareth	• Untersuchungshaft	• Edmund/Wahrheit
• Sommeraktionen	• Entlassung	• Reise nach Genezareth
• unfairer Kampf	• Tod der Mutter	• Vorschlaghammer
• Ewa und Henry		• undeutliches Geständnis
• zusammengeschlagene Ewa		• Ungewissheit
• Berras Erscheinen		

b. siehe vervollständigten Lückentext LH S. 26–27

KIM NOVAK BADETE NIE IM SEE VON GENEZARETH – EIN KRIMINALROMAN? LH 32

➲ Aufgabe 2a

Der traditionelle Kriminalroman

Zunächst ist das Problem der Bezeichnungen zu klären.
Unter Kriminalroman versteht man eine Geschichte, in der das Verbrechen im Mittelpunkt steht. Das Verbrechen – in der Regel ein Mord – wird dargestellt und der Leser bekommt einen Einblick in die Motive des Täters.
Ein Detektivroman stellt die Aufklärung des Verbrechens in den Mittelpunkt. Es geht um das Mordrätsel.
Drei Merkmale charakterisieren diesen Romantypus:

1. Die Geschichte beginnt mit dem meist schon geschehenen Verbrechen.
2. Es wird das Vorgehen des Ermittlers (Kommissar/Detektiv) geschildert.
3. Die Geschichte endet mit der Aufklärung des Falles.

Der Ermittler ist ausgestattet mit einem herausragenden Verstand, der ihn befähigt, alle Verbrechen aufzuklären. Täter gehören nie den ermittelnden Institutionen an. Der Leser wird an der Aufklärung beteiligt, er bekommt Hinweise und kann so seine eigenen Schlüsse ziehen. Erzähler und Leser stehen auf der gleichen Ebene. Der Spaß des Lesers, möglichst früh im Geschehen den richtigen Täter gefunden zu haben, ist ein Grund für die große Beliebtheit dieser Romane.
Beide Romantypen setzen voraus, dass die durch das Verbrechen gestörte Ordnung durch die Aufklärung wieder hergestellt werden kann, sodass der Leser sich am Ende des Geschehens beruhigt und sicher fühlen kann.

➲ Aufgabe 2b

Erwartete Inhalte:

Verbrechen in der Regel ein Mord – Geschichte beginnt mit dem meist schon geschehenen Verbrechen – Täter nie Mitglieder der ermittelnden Institutionen – seelische Verfassung oder eine unerträgliche Situation der Figur – Figur steht im Mittelpunkt – ihr Leben geht nach dem Verbrechen weiter – Mordmethode meistens einfach und unkompliziert – wenige oder gar keine auf den Täter hinweisende Erklärungen, Indizien, Beweise – Bedeutung des Rätsels um den Täter groß – oft Stimmung besonders deutlich veranschaulicht

➲ Aufgabe 2c

Mögliche Antworten:

- ***Kriminalroman***
- ***Roman über die Zeit zwischen Kindheit und Erwachsenwerden mit Kriminalhandlung verbunden***

DAS HÖRBUCH

Die Strichfassung LH 34

➲ Aufgabe 2

a. Wut, die am Nagel ausgelassen wird, als Ersatzhandlung zu sehen – Beschreibung der seelischen Verfassung des Ich-Erzählers

LITERARISCHES UND FILMISCHES ERZÄHLEN

Buch und Verfilmung LH 34–36

➲ Aufgabe 1

a. Erwachsener Erik als Ich-Erzähler mit Einblendungen der Zeit in Genezareth

b. Zeit des Erzählens durch den erwachsenen Ich-Erzähler im Wechsel mit den erzählten Inhalten veranschaulicht das Geschehen in Genezareth und die Situation des erwachsenen Eriks und den Zusammenhang von Erzähl-Gegenwart und Vergangenheit.

➲ Aufgabe 2

a. Durch das Aneinanderreihen von Bildern der Sommeraktionen

b. Einblendungen in Zeitlupe für die Fantasien der Jungen

c. Faszination und Bewunderung: das sich vergrößernde Auge – der Lichtschein um Ewa – die Zeitlupe
Entsetzen beim Anblick von Ewa und Berra Albertsson: Zerfallen von Erik wie eine Steinfigur

➲ Aufgabe 3

a. die Wichtigkeit ihrer Personen im Handlungsganzen, ihrer Dialoge und ausgedrückten Gefühle

b. Dadurch wird die Unterlegenheit der beiden Jungen in den Situationen dargestellt, die Bedrohung, die sie jeweils empfinden.

c. Überblick über Ort des Geschehens – Vermittlung von Stimmung

➲ Aufgabe 4

a. Das könnte darauf hinweisen, dass Erik den Gedanken an Mord nicht ausschließt, nicht verurteilt.

TRAINING GESTALTENDES SCHREIBEN

Dialog LH 38–39

Gesprächsanlass:

Erik will zeigen, dass er mit Ewa mitfühlt, dass er ihr beistehen will, ihr Hilfe anbieten.

Gesprächssituation (auch Gefühlslage der Gesprächspartner):

Erik will in Ewas Nähe sein, nutzt die Gelegenheit von Henrys und Edmunds Abwesenheit und die Möglichkeit, ungestört mit Ewa sprechen zu können, als sie im Liegestuhl liegt.

Gesprächsinhalte:

Krankheit der Mutter – Verhalten des Vaters – Redensarten und Distanz – Fehlen der Fürsorge der Mutter – häufiges Alleinsein – Zurückziehen mit Comic – was Comiczeichnen für ihn bedeutet – Probleme mit den Besuchen im Krankenhaus – Angst um die Mutter – Mitleid – Rückzug in die Toilette aus dem Krankenzimmer – Reue darüber – Verdrängen der Probleme im Sommerurlaub

Gesprächsverlauf:

Erik beginnt das Gespräch – Ewa hört interessiert zu, stellt weiterführende Fragen – erzählt von ihren Gefühlen, als sie mit ihrer Schwester die Eltern verlassen hat und in ein fremdes Land geflohen ist – zeigt Verständnis für Eriks Situation, macht ihm Mut – Erik fühlt sich angenommen und spricht das aus

Gesprächsziel:

gegenseitiges Verständnis und Mitempfinden, das beiden gut tut

Formale Merkmale des Dialogs

TRAINING GESTALTENDES SCHREIBEN — Erlebte Rede LH 39–40

Erwartete Inhalte:

Vortext:

Gespräch mit Edmund am Sterbebett – ausgesprochene Wahrheit – Reise an den Ort der Vergangenheit/Ort des Geschehens – Ausgraben des Vorschlaghammers/der Mordwaffe – Versenken im See – Entschluss, Geschichte aufzuschreiben – eine Art Ordnung schaffen

Textauszug:

jeder Mensch trägt Geschichte in sich – dann Mord an Berra Albertsson – Eriks Geschichte – und die anderer

Aufgabenstellung:

Gedanken und Erinnerungen an die Zeit in Genezareth – Gefühl der Vollendung

Textwissen (Auswahl):

familiäre Situation als Grund des Aufenthaltes in Genezareth – Sommeraktivitäten – Verstehen mit Edmund – Henry und Ewa Kaludis – Gefühl der Bedrohung – Mord und Ermittlungen – Auseinanderleben – Wiedersehen mit Edmund nach vielen Jahren – Anruf – Wiedersehen mit Ewa – Zusammenziehen

Gedanken und Gefühle:

siehe Inhaltssicherung Eriks Gedanken und Gefühle Ergebnisse auf LH S. 54–55 (Auswahl)

Formale Merkmale der erlebten Rede

TRAINING GESTALTENDES SCHREIBEN — Tagebucheintrag LH 41

Erwartete Inhalte:

Vortext:

Erik und Edmund: Rückfahrt vom Lackapark – unfairer Kampf Berra Albertsson und Mulle – verurteilen Berras Verhalten/Einschlagen auf Schwächere

Textauszug:

Erik: Erinnerung an sein Weinen während des Radfahrens nach Hause

Aufgabenstellung:

zu Hause: Erik noch aufgewühlt – wird Kampfbilder nicht los – Erlebnis verarbeiten durch Tagebucheintrag

Textwissen:

Erwartung von unterhaltender Zeit im Lackapark – keinen richtigen Spaß – Ewa Kaludis/Gefühle und Gedanken – Erscheinen von Berra Albertsson – Plan zurückzufahren – Ansehen des Kampfes/Beschreibung der Verhaltensweisen der Gegner – Mitempfinden der Schläge – unerklärbare Beschämung – Einigkeit mit Edmund über das Unfaire von Berra Albertsson

Formale Merkmale eines Tagebucheintrages

GESTALTENDES SCHREIBEN

Schwierigkeitsgrad I LH 42–43

Innerer Monolog

➲ Aufgabe 1

Textauszug steht am Ende der Reise in die Vergangenheit/den Orts des Geschehens (Vollendung) nach dem Gespräch mit Edmund am Sterbebett (Offenbarung der Wahrheit) und dem Entschluss, die Geschichte aufzuschreiben – vor dem undeutlichen Geständnis für Ewa, wer der Mörder war.

➲ Aufgabe 2

Zeit des *„Spitzensommers"* und des Ausgleichs zu den familiären Belastungen – Zeit nach dem Geschehen des SCHRECKLICHEN/des Mordes an Berra Albertsson – Zeit nach vielen Jahren

➲ Aufgabe 3

a. auktorialer Ich-Erzähler

b. „Obwohl ich also schon mit einem halben Bein in der Erwachsenenwelt stand, konnte ich nicht umhin, ich musste mich immer wieder wundern, warum die Leute nicht einfach still waren, wenn sie doch ganz offensichtlich nichts zu sagen hatten." [S. 12]

➲ Aufgabe 4

a. Ermittlung des Täters

b. verschwommen darstellen – verschweigen – lügen

➲ Aufgabe 5 – Sprache

a. *Präteritum:* Vergangenes Geschehen wird erzählt. Das Geschehen wird aus dem Rückblick erzählt.

Präsens: Die Gegenwart der Lesens bewirkt die Gegenwart des Erzählens. Der Erzähler weist auf die Gegenwart des Erzählens hin.

Perfekt: Es geht um eine in der Vergangenheit abgeschlossene Handlung. Die Ergebnisse oder Folgen der Handlung stehen im Vordergrund.

b. Gestaltungsmittel: ***Ellipse***

Mögliche Textstelle: „Dass es uns sozusagen umkreiste. Das Gewitter." [S. 172]

Gestaltungsmittel: ***Aufzählung***

Mögliche Textstelle: „Denn im Erdgeschoss gab es nur zwei Zimmer und eine kleine Küche mit Spülbecken, Kühlschrank und Herd." [S. 36]

➲ Aufgabe 6

Mögliche Antworten:

befreiend: Der letzte Schritt im Geschehen ist dadurch getan, die Mordwaffe ist endgültig und unauffindbar versteckt.

nachdenklich: über sich, den Grund seiner Reise, des Versenken des Vorschlaghammers – über den Verlauf des Geschehens

gleichgültig: Für ihn ist die Sache abgeschlossen und es geht ihn nichts mehr an. Er lebt in der Gegenwart.

schwermütig: Erinnerungen an die gemeinsame Zeit mit Edmund – die verlorene Zeit der Distanz zwischen ihnen – tödliche Krankheit Edmunds – Gedanken an Vergänglichkeit

➲ Aufgabe 7

Erwartete Inhalte:

familiäre Situation – *„Pflasterworte"* – Ewa Kaludis: Faszination/Liebe/Sexualität – Sommeraktivitäten in Genezareth – Verstehen mit Edmund: reden und schweigen (Alltäglichkeiten/Probleme/über das Leben) – Henry und Ewa Kaludis – Gefühl der Bedrohung – Mord und Ermittlungen

Gedanken und Gefühle: siehe Inhaltssicherung Eriks Gedanken und Gefühle; Lösungshinweise zur Aufgabe, LH S. 54–55 (Auswahl)

Formale Merkmale des Inneren Monologs

GESTALTENDES SCHREIBEN

Schwierigkeitsgrad II LH 44–45

Erlebte Rede

➲ Aufgabe 1

Textauszug steht am Ende der Reise in die Vergangenheit/den Orts des Geschehens (Vollendung) nach dem Gespräch mit Edmund am Sterbebett (Offenbarung der Wahrheit) und dem Entschluss, die Geschichte aufzuschreiben – vor dem undeutlichen Geständnis für Ewa, wer der Mörder war – 3. Teil des Romans (Zeit nach vielen Jahren) – 1. Teil: Zeit des *„Spitzensommers"* und des Ausgleichs zu den familiären Belastungen – 2. Teil: Zeit nach dem Geschehen des SCHRECKLICHEN/des Mordes an Berra Albertsson – Zusammenhang der drei Teile

➲ Aufgabe 2

Der Leser hat im Vergleich mit dem Ich-Erzähler nur ein unvollständiges Wissen. Undeutliche Formulierungen, Verschweigen und Lügen sorgen dafür, dass der Leser nicht erfährt, wer der Mörder ist.

➲ Aufgabe 3

a. Erwartete Inhalte:

Mithilfe der drei Zeitformen im Indikativ:

Präteritum: Vergangenes Geschehen wird erzählt. Das Geschehen wird aus dem Rückblick erzählt: „[...] das damals geschah." [S. 9]

Präsens: Die Gegenwart der Lesens bewirkt die Gegenwart des Erzählens. Der Erzähler weist auf die Gegenwart des Erzählens hin: „[...] was ich jetzt berichten will." [S. 9]

Perfekt: Es geht um eine in der Vergangenheit abgeschlossene Handlung. Die Ergebnisse oder Folgen der Handlung stehen im Vordergrund: „[...] hat seinen düsteren Schatten auf vieles andere geworfen." [S. 9]

b. *Ellipse:* Knappheit der Sprache bewirken

Aufzählung: Knappheit der Sprache bewirken

Direkte Rede: Lebendigkeit vermitteln, Figuren und ihre Beziehungen verdeutlichen

➲ Aufgabe 4

Eriks Buch: Manuskriptseite deutet auf das Vorgehen beim Mord an Berra Albertsson hin – Roman über das Leben (The real thing) entspricht dem Romangeschehen

Comic: Der Comic ist die Eriks Möglichkeit, den Belastungen des Alltags zu entfliehen, sich frei zu fühlen, Selbstwertgefühl zu entwickeln. Der Entschluss, keine Liebesszenen mehr darzustellen, ist eine Folge der Erlebnisse Eriks in der Realität der Romanhandlung.

➲ Aufgabe 5

Erwartete Inhalte: siehe Gestaltendes Schreiben Aufgabe 7, S. 69

Merkmale der erlebten Rede

INTERPRETIERENDES SCHREIBEN

Schwierigkeitsgrad I LH 46–47

➲ Aufgabe 1

Textauszug (Krankenhausbesuch bei der Mutter) steht nach der Erkenntnis, dass Ewa und Henry ein Paar sind, und der Beschreibung des Stegbaus und Ewas Lob für die solide Arbeit und vor dem Gespräch mit Henry über die heikle Situation.

➲ Aufgabe 2

Drei Teile:

I. Zeit des *„Spitzensommers"* und des Ausgleichs zu den familiären Belastungen: langsamer Spannungs- und Handlungsaufbau auf das SCHRECKLICHE hin

II. Zeit nach dem Geschehen des SCHRECKLICHEN/des Mordes an Berra Albertsson: Ermittlungen, Verhöre, kein Beweis gefunden, den Täter sicher zu überführen

III. Zeit nach vielen Jahren: Kurzbericht über den Lebensweg Edmunds in den vielen Jahren nach dem Geschehen in Genezareth – Wiederaufnahme der Vergangenheit durch das Wiedersehen mit Edmund – Wahrheit, die der Leser nicht vermittelt bekommt – Vollendung des Mordgeschehens

Aufgabe 3
Verbrechen in der Regel ein Mord – Geschichte beginnt mit dem meist schon geschehenen Verbrechen – Täter nie Mitglieder der ermittelnden Institutionen – seelische Verfassung oder eine unerträgliche Situation der Figur – Figur steht im Mittelpunkt – ihr Leben geht nach dem Verbrechen weiter – Mordmethode meistens einfach und unkompliziert – wenige oder gar keine auf den Täter hinweisende Erklärungen, Indizien, Beweise - Bedeutung des Rätsels um den Täter groß – oft Stimmung besonders deutlich veranschaulicht

Aufgabe 4
seelische Verfassung verdeutlichen – Hinweis darauf, dass es sich auch um einen Pubertätsroman handelt – Möglichkeit der Identifizierung bieten

Aufgabe 5
a. „Er war nicht so gut mit Papier und Bleistift, der Benny Barkman. Absolut nicht." [S. 16]
Ellipse: Knappheit der Sprache bewirken

„Schleppten alle Matratzen, Kissen und Decken auf den Rasen hinaus, damit der Sonnenschein die Winterfeuch tigkeit aufsaugen konnte." [S. 36]
Aufzählung: Knappheit der Sprache bewirken

b. Wörtliche Rede
Mögliche Seitenangaben (Auswahl): S. 49–53, S. 56–60, S. 71–74, S. 84–88, S. 184–89, S. 194–197, S. 271–276

Aufgabe 6
Erik: *sensibel – nachdenklich – verschwiegen*
Henry: *mutig – wahrheitsliebend - realistisch*

Aufgabe 7
Erwartete Inhalte:
Adler: König der Vögel, Symbol für Macht und Sieg, Kraft, Ausdauer, Leichtigkeit, Schnelligkeit, Freiheit
Taube: Erotische Schönheit, Zärtlichkeit, Treue zu einem Partner, Scheu und Friedfertigkeit, in manchen Kulturen: Todes- und Unglücksbote

Erik	Henry
Charakter/Eigenschaften: sensibel, nachdenklich, Probleme des Lebens und der Welt durch *„Pflasterworte"* distanziert, Rückzug aus der Realität (Comic), entzieht sich belastenden Situationen (Krankenhaus), den Verwirrungen und Gefühlsschwankungen der Pubertät ausgeliefert, erwachende Sexualität, große Gefühle (Ewa Kaludis), keine Schwierigkeiten mit der Lüge, von der Mutter als Taube bezeichnet, auf die man achtgeben muss ***Lebenseinstellung:*** wenig optimistisch ***Familie/Lebensumstände:*** lebt allein mit dem Vater, an Krebs erkrankte Mutter im Krankenhaus, Vater nicht fähig zu offenen Gesprächen, verbirgt sich hinter Floskeln ***Verhältnis zum Bruder:*** Henry als Vorbild, Verbündeter, Rivale ***Beziehung zu Frauen:*** in Gedanken und Träumen	***Charakter/Eigenschaften:*** stark, mutig, unerschrocken, freiheitsliebend, von der Mutter als *„Adler"* bezeichnet ***Lebenseinstellung:*** betrachtet das Leben positiv *(„Schmetterling an einem Sommertag", „glitzernden, funkelnden Jetzt")* ***Familie:*** früh von zu Hause ausgezogen, zur See gefahren, selbstständiges Familienmitglied, unabhängig ***Lebensumstände:*** eigene Wohnung, Freelancer bei der Zeitung Kurren, schreibt ein Buch über das Leben (später unter dem Titel *Koagulierte Liebe* veröffentlicht) ***Verhältnis zum Bruder:*** kumpelhaft, offen, Regeln setzend, Ratgeber, Beschützer ***Beziehung zu Frauen:*** von Freundin Emmy Kaskel getrennt, Beziehung zu Ewa Kaludis

INTERPRETIERENDES SCHREIBEN

Schwierigkeitsgrad II **LH 48–49**

➲ Aufgabe 1

Diese Situation folgt dem Gespräch Eriks mit Bennys Mutter, als er auf seinen Freund wartet. Sie findet in der Zementröhre statt, dem Zufluchtsort, an dem die beiden Jungen ihre Diskussionen führen, rauchen und ihre Aktionen planen. Nach diesem Aufenthalt in der Zementröhre folgt eine Beschreibung der Vorgeschichte der Familie Wassman. Der *„Engel"* soll darauf hinweisen, dass Erik die Nähe des Freundes spürt, das Mitgefühl und das Angebot des Beistandes.

➲ Aufgabe 2

I. Zeit des *„Spitzensommers"* und des Ausgleichs zu den familiären Belastungen: langsamer Spannungs- und Handlungsaufbau auf das SCHRECKLICHE hin

II. Zeit nach dem Geschehen des SCHRECKLICHEN/des Mordes an Berra Albertsson: Ermittlungen, Verhöre, kein Beweis gefunden, den Täter sicher zu überführen

III. Zeit nach vielen Jahren: Kurzbericht über den Lebensweg Edmunds in den vielen Jahren nach dem Geschehen in Genezareth – Wiederaufnahme der Vergangenheit durch das Wiedersehen mit Edmund – Wahrheit, die der Leser nicht vermittelt bekommt – Vollendung des Mordgeschehens

➲ Aufgabe 3

Für die Zuordnung sprechen:

Verbrechen in der Regel ein Mord – Geschichte beginnt mit dem meist schon geschehenen Verbrechen – Täter nie Mitglieder der ermittelnden Institutionen – seelische Verfassung oder eine unerträgliche Situation der Figur – Figur steht im Mittelpunkt – ihr Leben geht nach dem Verbrechen weiter – Mordmethode meistens einfach und unkompliziert

➲ Aufgabe 4

Ellipse:	Knappheit der Sprache bewirken
Aufzählung:	Knappheit der Sprache bewirken
Wörtliche Rede:	Lebendigkeit vermitteln, Figuren und ihre Beziehungen verdeutlichen

➲ Aufgabe 5

Im Zusammenhang mit der Textstelle aus der Aufgabe 1 weist das Bild vom *„Engel"*, darauf hin, dass Erik Mitgefühl, Sensibilität für den anderen, Wärme und Zuneigung mit Ewa verbindet. Zudem kann es Ausdruck für die Schönheit der jungen Frau sein.

➲ Aufgabe 6

Erwartete Inhalte:

- durch Krankheit und Fehlen der Fürsorge der Mutter, dem unfähigen Umgang des Vaters mit der Situation, dem nicht stets verfügbaren älteren Bruder, der eine eigene Wohnung hat: Mangel an Zuwendung, Alleinsein, Hang zum Nachgrübeln
- durch Pubertät: Umgehen mit der erwachten Sexualität, Gefühlsverwirrungen und Unsicherheiten
- daraus entstandene Sehnsucht nach Geborgenheit und Wärme, Liebe und sexueller Erfüllung
- führt zu seinem Verhalten Ewa gegenüber, seinem aufgebrachten negativen Urteil über Berra Albertsson und sein unfaires Verhalten im Kampf und zu seiner Verstrickung in die Mordgeschichte